Eduard Wagner 2017

Prefácio

Você pode ver como quiser: essas memórias
ou são apenas uma sequência de eventos
em minha vida. Eu gostaria de dizer que na
época em que passei por isso, acreditava
que isso era correto. Quase não recebi
nenhum conselho de parentes ou amigos
sobre se isso era a coisa certa a fazer ou não.
Mas sempre foi uma questão de saber se eu

teria levado isso em consideração. É claro que, no decorrer das páginas a seguir, sempre haverá lugares em que estou à beira da legalidade. Mas como isso foi há algum tempo e eu pessoalmente mantenho o que fiz ou deixei de fazer então, não vejo nenhum problema se essas consequências surgirem. Se esta é uma vida plena ou feliz, não depende de mim, mas do leitor, mas vou tirar uma conclusão no final.

Família 1970

Dezembro de 1959 casa dos pais

No final de 1959, vi a luz do dia em Viena, embora estivesse lá, mas mal me lembre.

Veio como o segundo filho, meu irmão já tinha 6 anos em uma família da Suábia do Danúbio. Para explicar minhas origens: no final da Segunda Guerra Mundial, meus pais foram expulsos do que hoje é a Sérvia por guerrilheiros sob a mira de uma arma e suas vidas foram ameaçadas. Por pertencerem ao grupo étnico alemão (suábios do Danúbio), sua língua materna era o alemão, o que significa que também falavam servo-croata. Seus ancestrais foram estabelecidos atualmente por Prinz Eugen no que era então a Iugoslávia, a fim de fortalecer a infraestrutura ali, o que eles conseguiram fazer. No tumulto da Segunda Guerra Mundial, eles foram expulsos por guerrilheiros do norte e do sul, com risco de vida. A essa altura, eles haviam alcançado prosperidade e reputação, onde não havia hostilidade alguma entre os iugoslavos que viviam ali e a população de língua alemã. Meus pais e suas famílias foram recebidos em 1944 com as seguintes palavras: O que você está fazendo aí? Por que você fala alemão tão bem? Volte furtivamente para casa. Naquela época era apenas a recepção de "estrangeiros". Não se pode mais imaginar hoje. Bem, de volta para mim. Tive uma infância fácil, pelo menos até os 10 anos. Meu pai exerceu seu ofício, que já havia aprendido na Sérvia, e minha mãe era, como ainda era o costume naquela época, dona de casa. Tanto quanto os meios dos meus pais permitiam, eu comprava de tudo, desde brinquedos até bicicletas e coisas do gênero. No verão, eu ia todos os anos para uma casa de hóspedes no sul da Baixa Áustria com meu irmão e minha mãe por duas a três semanas. Meu pai, por ter que trabalhar durante a semana por questões financeiras, veio até nós na sexta-feira de motoneta e ficou até domingo. É importante ressaltar que meu pai só tirou a carteira de motorista em 1972. Naquela época também conheci uma família que morava perto da pensão. Havia duas filhas neste, uma cinco anos mais nova e a outra um ano mais velha. Significa que o mais velho já me encontrou com fraldas.

Escola de setembro de 1966

Início da minha carreira escolar. Na escola primária, eu estava em uma classe só para meninos. Formada pelo então Pädag, apresentou-se como professora. Ela tinha cerca de 25 anos e era uma mulher bonita, tanto quanto eu poderia dizer nessa idade.

Ainda me lembro de uma anedota que me chocou bastante na época. No início dos meus dias de escola, procurei minha mãe e disse-lhe o seguinte: Você, mãe, a professora pintou os dedos de um vermelho vivo. Como você pode fazer algo assim? O pano de fundo era que a professora Ulrike tinha apenas pintado as unhas, o que ainda não era comum para mim na época. Acho que minha mãe se virou para o lado na hora e provavelmente teve que sorrir, depois me explicou do que se tratava. Bem, me formei no ensino fundamental com notas muito boas, além de pintura e desenho. Mas também tinha respeito pela "professora", que punia as ofensas com "ficar na esquina". O caminho para a escola, naquela época tudo ainda era a pé, sempre foi um desafio, porque sempre havia um, dois ou três colegas de escola com quem se fazia malabarismo na calçada.

Escola secundária de setembro de 1970

Depois que eu continuei sonhando com o emprego dos sonhos de "médico" nessa idade e meu certificado de escola primária foi compatível, meus pais me matricularam no distrito vizinho na escola secundária. Em

1969, o meu pai devolveu a licença comercial para a reparação de garrafas de água com gás porque esta já não era lucrativa e, posteriormente, procurou um novo emprego, nomeadamente a venda de jornais diários. Isso significa que ele vendeu o maior jornal do nosso país como colportor à noite até por volta das 23h em um estande. Como isso era meio lucrativo, minha mãe também começou a vender jornais. Com isso eles puderam economizar muito dinheiro ao longo dos anos, nós dois, ou seja, meu irmão e eu, o bem-estar não foi negligenciado. Bem, agora eu estava na primeira série do colégio humanístico. Às segundas-feiras havia sempre matemática e inglês, um após o outro. Bem, isso foi meio caminho por um tempo, mas depois de um tempo eu fiquei doente e meus pais me escreveram uma confirmação de que eu estava doente. Mas como o corpo docente não tirou esse papel de mim, eu o guardei. Agora, segunda-feira com inglês e matemática ficou cada vez mais repugnante para mim, então tive a ideia de ficar "azul" em uma ou na outra segunda-feira e não ir à escola. Então, apresentei a confirmação de que também estava doente com a assinatura de meus pais. Como eram quase sempre as mesmas doenças e a assinatura não era mais a melhor, aconteceu como deveria. De repente, meus pais receberam uma intimação para ir à escola. Claro, eles foram questionados sobre meus dias perdidos e as notas resultantes e, portanto, ficaram surpresos ou dececionados comigo. A consequência disso foi que a escola me condenou a um "cataclismo" (4 horas escrevendo castigo sozinho na escola). Pelo que sei, esse tipo de punição não existe mais hoje. Finalmente, o ano letivo terminou com dois cincos. Isso significa que tive que repetir a 1ª aula, pois ainda era obrigatório.

Internato de setembro de 1971

Depois desse evento decisivo para mim, o conselho de família se reuniu na forma de meus pais e meu irmão de dezessete anos. Teria de ser enviado com antecedência, avisando que meu pai estudou em um internato de língua alemã por alguns anos durante seus dias de escola na Sérvia. Assim, fui aconselhado sobre a escola que deveria continuar a frequentar. Como, é claro, aos 11 anos de idade eu não tinha ideia ou apenas limitava o que estava reservado para mim, tive que aceitar a decisão do conselho de família. Visto que fui batizado como protestante de nascença, minha matrícula em internatos católicos, como irmãos de escola em Strebersdorf, não foi aceita. Essa decisão fez com que eu fosse para um internato no 13º distrito, que também incluía uma escola primária humanística. Por muito tempo briguei com essa decisão dos meus pais, porque ficava mais ou menos trancado ali desde a noite de domingo até o meio-dia de sábado. Se eu tivesse "quebrado" alguma coisa durante a semana, é claro que também não havia resultado no fim de semana. Felizmente, isso raramente acontecia no 13º distrito. Uma coisa era interessante nesta casa, porque o chefe desta instituição era o neto de Adalbert Stifter (seu nome era o mesmo). Este realizador era um ávido fumador de cachimbo, onde se podia sentir o cheiro do fumo por todo o edifício e, cada vez mais intensamente, sabíamos que o perigo era iminente. Passei 3 anos em Himmelhof, é assim que se chama o internato de lá. Depois mudei para o internato com o mesmo nome no 2º distrito com o mesmo tutor Franz, mas lá os costumes eram os mesmos do 13º distrito. Isso significa que, se houvesse má conduta de minha parte durante a semana, eu era involuntariamente autorizado a passar o fim de semana com punição no internato. Como a supervisão não era muito grande e, claro, também fiquei mais velha, muitas vezes havia fins de semana no internato. Naquela época, com 13 anos, conheci os cigarros, o que também me obrigou a ficar em casa. Essa amizade com a nicotina permanece comigo até hoje. A coisa toda correu razoavelmente bem até a 4ª série e então tivemos uma professora de biologia da Caríntia que havia acabado de terminar seus estudos. Para nós, estudantes de 14 a 15 anos, claro, ela foi um desafio em termos de puberdade, porque era uma mulher bonita com um corpo correspondente. Então, me deixei levar por uma afirmação durante a aula que me rendeu o pior grau de conduta. Além disso, também coletei as piores notas em vários objetos, de modo que tive que repetir a 4ª série. Isso deu certo e, como isso não era mais ensinado em casa, tive que ir para a 5ª série do liceu humanístico do bairro vizinho. Como ainda queria ser médico, presumi que usaria o grego antigo, pois também gostava muito da língua latina. Foi interessante na época que eu terminei em uma classe mista pela primeira vez, mas havia apenas 6 meninas e o resto dos meninos. No primeiro semestre, eu ainda estava um pouco ansioso para aprender, mas como não gostava nem um pouco do grego antigo, as notas pareciam adequadas. Não parava com esse assunto sozinho e então eu teria que repetir a aula, só que na hora isso não era mais possível. Então meus pais decidiram, já que eu tinha 17 anos, que eu começaria um estágio. Quando eu tinha cerca de 16 anos, naquela época ainda no colégio interno, fui abordado por Ernst, que era filho de uma amiga de minha mãe, se eu não gostaria de ir a bailes folclóricos todas as sextas-feiras à noite. Claro que isso era uma tarefa difícil no internato, pois nem sempre era o caso de sair de lá. No final, finalmente consegui sair na sexta-feira, das 18h às 22h. A dança folclórica teve lugar na casa dos Suábios do Danúbio, no 3º distrito. Quando cheguei lá, encontrei cerca de 30 rapazes e moças, dos quais eu era um dos mais jovens. Um nativo da Suábia do Danúbio se apresentou a mim como o líder, que ensaiou as danças folclóricas conosco. Mas como eu era decididamente um antitalento quando se tratava de dança, esse homem também teve suas dificuldades em me ensinar isso. Ainda me lembro de um episódio em que o supervisor pegou minha coxa na mão porque eu não entendia a sequência de um passo alternado. Provavelmente nada mudou sobre isso até hoje. Nessas noites, estudávamos danças folclóricas com 8 a 10 casais, que então apresentávamos na temporada de bailes em janeiro e fevereiro. Com o passar do tempo, desenvolveu-se um grupo de pessoas da mesma idade que ia jogar boliche duas vezes por semana no Prater de Viena. Isso significa treinar uma vez por semana e campeonato na sexta-feira. Como tínhamos um patrocinador, uma empresa de navegação, isso não nos custou muito. Por volta de 1982, 7 homens e mulheres navegaram com esta empresa em um veleiro de 10 homens de Split a Dubrovnik no verão. Todos os dias daquela semana, íamos a uma ilha, demos uma folga e depois seguimos em frente. Foi uma experiência maravilhosa

Casa de fim de semana de agosto de 1972

Depois que a mudança de carreira de meu pai em 1969 foi bem-sucedida em termos de economia, eles conseguiram economizar bastante dinheiro. Agora meus pais procuraram uma pequena casa de fim de semana na Baixa Áustria. Eles encontraram o que procuravam no sul da Bacia de Viena, em um município com cerca de 10.000 habitantes. A primeira visão pareceu aos meus pais uma pechincha, mas eles não podiam imaginar o que viria a seguir. Para mim, aos 12 anos, foi sem dúvida um prazer, porque havia muitas árvores frutíferas e arbustos na propriedade que pude queimar depois de serrar, para que o edifício de 1930 também pudesse ser visto. Lembro que depois de um tempo a queima incomodou um pouco os vizinhos, naquela época ainda era permitido. Mas sim, éramos "vienenses" que viemos para a Baixa Áustria para se expandir. Bem, as árvores e arbustos foram eliminados e dava para ver a casa. Tinha a desvantagem de não ser usado há anos e, portanto, estava em um estado desolado, com chão e sótão. Depois que queimei tudo, peguei minha bicicleta e explorei a área com as montanhas que pertenciam a ela e tive que passar por um assentamento de trabalhadores várias vezes. Um dia, uma cara que estava ali me perguntou se eu poderia descer da bicicleta e sentar-me com ele. Fiz o que ele pediu e sentei-me com ele. Então, mais meninos apareceram e uma conversa interessante se desenvolveu. Deste encontro se desenvolveu uma amizade por pelo menos dez anos e fazíamos algo diferente a cada final de semana. Só com o passar dos anos os parceiros se juntaram, cada um desses amigos mudou-se para outro lugar na Baixa Áustria e as amizades se desfizeram.

Casa após reforma

Primeiro beijo de 1972

Como meus pais sempre quiseram sair de férias no verão, eles pediram à igreja evangélica de Viena que toda a família tivesse a mesma fé. Isso resultou em férias com toda a família na Estíria. Não éramos a única família ali, havia cerca de 50 pessoas. Fizemos todos os dias com todas as excursões e caminhadas que sempre foram agradáveis. Um dia, voltamos de uma excursão um pouco antes, Ângela falou comigo, ela era cerca de um ano mais nova que eu. Ela disse que havia descoberto um ninho de vespas no sótão da casa onde morávamos e que tinha medo de olhar para ele novamente sozinha, se eu deveria ir com você. Bem, por que não, nada pode acontecer. Quando paramos na frente desse ninho, ela de repente se virou e me beijou na boca. Fiquei horrorizado, só minha mãe tinha permissão para fazer isso e ninguém mais tinha permissão para fazer isso. Mas eu guardei para mim mesmo assim.

Liquidação de inverno de 1975

Como meu irmão queria ganhar algo além do salário de caixa do banco, ele dirigia de um restaurante a outro no 10º distrito e vendia o maior jornal diário de lá. Mas como éramos um só coração e uma só alma até os 20 anos, ele disse que eu poderia vender jornais e comprar minha mesada. Para fazer isso, eu estava em uma zona de pedestres no 10º distrito vestindo uma jaqueta amarela e elogiando meus jornais. Em seguida, acertamos as contas de 10 a 15 jornais da noite. Não era muito lucrativo, mas, como disse, aumentou minha mesada.

Aprendizagem de setembro de 1977

Meu pai conhecia o gerente de RH de um grande atacadista e produtor de mercearia no 16º distrito, que era bem conhecido na época, e então comecei um estágio como escriturário. A primeira coisa que fiz foi trabalhar com contabilidade de atacado. Encontrei quatro homens ali com 50 anos ou mais. O chefe do departamento era um signatário autorizado. Mas como eu acabara de sair do internato antes, aproveitei minha liberdade reconquistada. Isso se manifestou no fato de que eu não era tão rigoroso quanto a dormir uma noite inteira no meu tempo livre. Isso significa que, agora que eu tinha um amigo em Viena chamado Ernst, saíamos quase todas as noites à noite. Claro, ir para casa era tarde. Portanto, meu desempenho no trabalho no dia seguinte foi adequado. O gerente geral, a quem eu estava sentado de costas, batia várias vezes na mesa com a caneta esferográfica para que eu pudesse continuar trabalhando. Com o passar do tempo, porém, o trabalho de adicionar apenas 100 a 200 notas de entrega em um dia inteiro tornou-se enfadonho para mim, então decidi falar com meu chefe sobre se poderia ser transferido para outro departamento da empresa. Meu pedido foi atendido e fui transferido para o departamento de chá. Lá conheci um jovem despachante e seu chefe era um signatário autorizado. Aqui não aprendi muito sobre o escriturário, mas o antigo gerente me ensinou muito sobre chá. Então, eu tinha que configurar a degustação do chá todas as manhãs, que passava por um ritual muito especial: então comecei preparando pelo menos 10 tigelas de água quente e depois permiti que apenas 2 gramas de chá fossem adicionados. Então o cavalheiro entrou e tomou um gole de cada tigela, mantendo-a na boca e deixando-a escorrer pelas papilas gustativas. Com este manuseio ele foi capaz de determinar a qualidade do chá e, em seguida, a quantidade correspondente foi solicitada. No decorrer do meu trabalho neste departamento foi acrescentada uma central automática para a produção de saquinhos de chá, o que me fascinou muito, pois de um lado o chá entregue era em caixas grandes e no final os saquinhos de 20-25 saquinhos acabados saiu embalado. Mas como o que eu podia aprender era limitado, eu queria voltar para um novo departamento e então vim para o departamento de hortifrutigranjeiros quando tinha cerca de 18 anos. A partir daí, foram preparadas diariamente as entregas de frutas e verduras para as 250 agências. Para fazer isso, as lojas individuais precisavam receber pedidos por telefone todos os dias, é claro. Como eu já tinha atingido a idade em que tinha permissão para trabalhar horas extras de acordo com a Lei de Proteção ao Jovem, me inscrevi para os serviços de domingo, que eram devidamente remunerados. Meus colegas tinham quase a minha idade, então amizades logo se formaram. Então, de vez em quando, íamos tomar um drinque depois do nosso trabalho de domingo, até que alguém disse que tinha algo com ele que só poderia ser consumido em salas fechadas. Por mais ingênuo que eu fosse naquela época, entramos em um apartamento e nos sentamos no chão por falta de assentos. De repente, o referido colega tirou um cigarro do bolso, acendeu-o e passou-o adiante. Desavisado, eu, como os outros, atraí este suposto cigarro. Então, quando foi fumado, fui informado que se tratava de um baseado. Meu resumo disso foi bom, minha credulidade e acima de tudo, eu não tinha sentido nada, então o assunto estava resolvido para mim e eu nunca toquei em nada parecido novamente.

Setembro 1978. Primeiro apartamento

Depois que meu irmão disse, com cerca de 21 anos, que não teria mais uma esposa e que já tinha seu próprio apartamento, comprei um pequeno apartamento de cerca de 35 metros quadrados na mesma casa onde meus pais moravam em Viena. Nessa época, porém, também comecei onde tive que lutar por cerca de 30 anos. Por outro lado, eu tinha amigos que viviam uma vez no fim de semana na Baixa Áustria e um amigo em Viena. Com este último saí quase todos os dias da semana e por isso não fizemos muitas coisas diferentes. Em seguida, íamos principalmente a bares onde você podia jogar cartas. Mas como isso ficou um pouco enfadonho com o tempo, decidimos jogar por dinheiro. Mas isso também não estava satisfazendo, então vimos máquinas em máquinas locais onde você poderia inserir dinheiro e ganhar. Naquela época, eles eram chamados de bandidos de um braço só, que podiam ser encontrados em toda a Áustria. Sim, no início sempre houve lucros menores ou maiores, mas com o passar do tempo foi, naturalmente, um déficit. Acima de tudo, descobri que esses dispositivos também estavam disponíveis na Baixa Áustria. E então meu vício começou, certamente não imediatamente, mas com o passar do tempo eu havia cruzado uma linha que eu não conhecia.

Daltonismo de maio de 1978

Naquela época, eu tive que ir para as Forças Armadas austríacas para a redação. Naquela época eu não tinha problemas de saúde, mas então um cartão com pontos de cores diferentes foi apresentado a mim e fui solicitado a ler um número e uma carta dele. Mas eu não poderia fazer isso, mesmo se olhasse os mapas de ângulos diferentes. Em outras palavras, verificou-se que sou daltônico, ou seja, daltônico-vermelho. No entanto, a Comissão determinou que eu seria totalmente qualificado. Meio ano depois, eu queria tirar minha carteira de motorista de moto e carro com meu pai. Para fazer isso, no entanto, também tive que passar por um teste. Entre outras coisas, fui presenteado com outro cartão colorido, do qual não consegui ler nada novamente. Disseram então que eu teria de fazer mais exames, incluindo um teste de reação no respetivo conselho de curadores e um teste psicológico no distrito 3. Esse teste psicológico tinha cerca de 20 páginas e era tedioso de preencher porque não fiz sentido disso. Meu argumento, que também expressei, é que sou totalmente qualificado e não posso ter carteira de motorista, então vou atirar em você porque não consigo decidir entre vermelho e verde. Pelo que eu sei, apenas o vermelho do semáforo está sempre no mesmo lugar. Finalmente tirei a carteira de motorista para pelo menos um carro, desisti da de motocicletas, mesmo tendo 2 ciclomotores quando tinha 16 e 17 anos e nunca tive nenhum acidente com eles.

Outubro de 1980 Exército Federal

No início de outubro cumpri o serviço militar nas Forças Armadas austríacas no quartel de Martinek (pensão?). As primeiras seis semanas foram de treinamento básico e também exaustivas. Quando era meu aniversário, no início de dezembro, eu estava de plantão, de todas as coisas, e isso em um feriado. Isso significa que cerca de 15 pessoas receberam 20 cartuchos de munição real para cada um do guarda de serviço. Agora tinha que me sentar à mesa e esperar que chegasse uma ordem, digamos, para dar uma volta pelo quartel. Não sei como, mas de repente havia uma garrafa de 2 litros de vinho branco na mesa e meus companheiros me saudaram pelo meu aniversário. Sim, mas infelizmente não foi a única garrafa que consumimos. Isso significa que durante a próxima rodada de checagem na área do quartel o caminho foi ficando cada vez mais estreito e no final eu tive que descarregar meu rifle com 20 cartuchos de munição real nas lacunas. Eu não tinha conseguido fazer isso sozinho, um camarada me ajudou. A coisa toda permaneceu impune, exceto por um relatório obrigatório com a seguinte advertência. Após as primeiras seis semanas, fui designado para o escritório do assessor de imprensa. Este major estava lá pela manhã, mas depois saiu do escritório e voltou uma hora antes do final do trabalho. Meu trabalho ali era procurar reportagens sobre o soberano em vários jornais diários. Não foi uma tarefa demorada, foi concluída muito rapidamente. Assim, consegui recuperar o que tinha pouco durante a noite, nomeadamente o sono.

Quando me mudei em outubro, tinha 65 quilos a mais. Na zona do quartel conheci o vinho Baden porque não o conhecia antes. Quando desarmei depois de 8 meses eu pesava não 65, mas 72 quilos, que não tinha ultrapassado até hoje.

Setembro 1980 profissão

Eu havia concluído com sucesso meu aprendizado de escriturário, o serviço militar com menos sucesso, então pensei comigo mesmo como prosseguir. Agora me interessei por cursos noturnos e comecei um curso de contabilidade, que logo se revelou errado para mim. Então descobri que os computadores tinham futuro e, de 1980 a 1981, fiz cursos de programação no WIFI Vienna, que acontecia todas as noites das 18h às 22h. Fiz isso com exames pelo menos em Pascal, em Cobol não passei. Com os certificados quis dizer que tinha melhores oportunidades no mercado de trabalho e no final de agosto de 1981 larguei o meu emprego na mercearia grossista. Imediatamente consegui um emprego novamente como escriturário em uma empresa que fabricava tubos e caixas de distribuição, que ficava no 5º distrito. Após cerca de um ano mudamo-nos para o 11º distrito, onde também se localizava a fábrica desta empresa. Lá eu tive um simpático graduado em administração que tentou me inspirar várias vezes. Mas quando ele se aposentou, uma engenheira graduada veio como sua sucessora. Isso tinha o objetivo de fazer economia e assim aconteceu que fui demitido depois de dois anos e nove meses. Naquela época ainda havia verbas rescisórias com no mínimo dois salários, mas somente após três anos de empresa. Tive de procurar um novo emprego e descobri nos jornais diários. Então consegui um emprego onde a pré-seleção foi feita em um instituto de psicologia de teste. Então, vim para este instituto no início de maio de 1984 e fui presenteado com um pacote de 20 páginas de testes para preencher. Depois de fazer algumas anotações neste papel, pensei comigo mesmo que já havia segurado essas folhas de papel em minhas mãos. E foi assim mesmo, anos antes tive que fazer o mesmo teste para tirar a carteira de motorista e naquele dia para me candidatar a um emprego. Parece um pouco estranho. Depois de avaliar minhas informações, fui convidado para uma entrevista no 8º distrito. O pré-requisito para esta posição era que fosse apenas um substituto de licença parental de um ano. Lá eu tinha que prestar contas dos bolsistas que trabalhavam no centro de pesquisa na Baixa Áustria e também cuidar da caderneta do banco. Mas como a coisa toda era um desafio um pouco pequeno demais para mim, eu me concentrei em outras tarefas. Isso incluiu finanças, orçamento e contabilidade de ativos. As linguagens de computador que aprendi, que havia adquirido anos antes, não eram usadas porque isso foi impedido pelo "programador" existente. Chegou então ao fim o primeiro ano de licença-maternidade e minha chefe na época, com quem eu agora tinha uma pedra na mesa, estendeu meu contrato sem hesitar. Mas como o escritório no 8º distrito foi fechado cerca de um ano após entrarmos nesta empresa (semipúblico), tivemos que nos mudar para a Baixa Áustria. Tivemos a oportunidade de usar o ônibus da empresa de Viena. Mas o trabalho não começou antes das 8h30 e era tarde demais para mim. Então, conversei com um colega que iríamos dirigir para o trabalho com meu segundo carro. Ao fazer isso, ela contribuiu para as despesas de viagem. Isso significa levantar da cama todos os dias úteis às 6h, dirigir 35 km na ida e 35 km na volta à noite, qualquer que seja o clima. Mas, como eu valorizava esse trabalho na Baixa Áustria, aceitei isso. O tempo que passei lá não foi só profissional, mas também pessoalmente o trabalho rico em experiências que tive na vida, principalmente porque aprendi muito com ele. Na contabilidade, esse era o nome do departamento onde trabalhava, eram cerca de 15 mulheres e apenas 2 homens, o que inicialmente me afetou menos. Com o passar dos anos, porém, fiz amizade com um colega que trabalhava a dois quartos de distância. Ela era cerca de 2 anos mais nova e muito inteligente, morava perto do trabalho com os pais em uma casa para duas famílias. Como tinha que acontecer, era, a amizade se tornou mais. A maior parte do tempo eu ficava na casa dela, mas sempre voltava para o meu apartamento em Viena. Então, um dia, ela me disse que estava grávida de mim. Eu tinha então cerca de 26 anos e ele considerou meu dever propor a ela porque ela aceitou. Já estávamos procurando uma igreja ou cartório e mais ou menos marcamos a data do casamento. Na empresa, é claro, corria o boato em segredo de que algo estava acontecendo de que eu realmente não gostava. No entanto, como da parte dela era apenas a declaração de gravidez e eu não conseguia ver ou ouvir mais nada ao longo dos meses, fiquei cética se isso seria verdade. Agora, além disso, a "pressão" dos colegas tornou-se cada vez maior. Decidi, portanto, no final de 1987, deixar o cargo após três anos e meio e deixá-la ter precedência na empresa, pois suas qualificações eram inferiores às minhas. Claro, também não houve acerto de dois salários, já que eu havia me demitido. Eu verifiquei a alegada gravidez da minha namorada na época algum tempo depois, mas ela provavelmente nunca esteve grávida. Fiquei com pena desta posição porque tinha aprendido muito, mesmo que as condições nem sempre fossem as melhores.

Janeiro de 1988 empregado pelo pai

Como meu pai tinha 58 anos este ano, decidi começar a trabalhar para ele como escriturário, o que significa que eu era mais ou menos autônomo a essa altura, porque um pai não pode fazer muito pelo filho. Como eu tinha contabilidade na escola profissionalizante, decidimos que faríamos a contabilidade nós mesmos. O nosso consultor fiscal apenas tinha a tarefa de preparar a respectiva declaração de rendimentos ou balanço e submetê-los à repartição de finanças. Em 1989, o mesmo consultor fiscal disse que uma quantia de S 0,25 no balanço era apenas uma quantia do Mickey Mouse e, portanto, irrelevante. Então, rescindimos nosso contrato com ele e nos anos seguintes eu mesmo preparei a declaração de imposto de renda e o balanço resultante, mas a única desvantagem disso, é claro, era que eu não tinha experiência nesse assunto. Portanto, no ano seguinte, recebi uma carta da repartição de finanças responsável. Quando o abri, li uma estipulação de 1,5 milhão de xelins em atraso. Felizmente, eu estava sentado quando abri esta carta. Cometi um erro de vírgula ao preencher o formulário relevante. Depois de cerca de 4 a 5 consultas, eu corrigi isso. Durante esse tempo, eu tinha cerca de 100 colportores (clientes) que tinha que entregar todos os dias, muito poucos tinham tempo para vir às nossas instalações comerciais no 20º distrito. Para explicar um colportor era uma pessoa que vendia jornais diários à noite ou de manhã com jaquetas coloridas em praças, estações de trem e ruas. Para mim, eles sempre foram considerados comerciantes independentes. Isso significa que eles compraram revistas de mim, ou seja, trabalhos impressos periódicos, com um certo desconto e depois as venderam a um preço fixo de final de venda que é especificado em cada produto. A desvantagem desse setor é que existe um direito de retorno de 100%. Se um cliente comprasse 10 peças de uma revista de mim e vendesse apenas 5 delas, ele poderia devolver as 5 peças restantes para mim quando a revista era nova e elas eram então compensadas. Claro, também tenho direito com meus fornecedores, como atacadistas e editores. O conjunto estava naturalmente associado a um enorme tempo e, sobretudo, a um controlo preciso das respetivas faturas. Assim, uma semana de 50 a 60 horas não era exceção, mas sim a regra.

Setembro de 1992 trabalho autônomo

Meu pai tinha 62 anos este ano e eu tive que argumentar muito que ele finalmente se aposentou após 47 anos de contribuições. Isso não o teria beneficiado muito financeiramente. Então eu assumi essa revista atacadista com duas licenças comerciais, não havia outra maneira naquela época. Significa duas filiações à divisão da câmara e, como resultado, duas taxas por ela. Então, dois ou três anos depois, apareceu um concorrente. Este Sr. Robin teve a oportunidade de criar sua própria colportagem em um jornal diário menor. Em outras palavras, ele forneceu jaquetas e jornais diários a vários estrangeiros e distribuiu essas pessoas por toda Viena. Com o passar do tempo, porém, descobri que esse homem não dava as vagas de graça para o povo, mas exigia um depósito em xelins de 5 a 6 dígitos de cada indivíduo e isso antes mesmo de uma vaga ser atribuída a ele. Visto que, pelo que eu sei, isso foi escrito de forma muito esparsa, eu já suspeitava que isso iria dar errado em algum momento. Já que isso não me preocupava muito, eu o deixei governar. Então, um dia, ele veio até mim e disse que poderíamos fazer contra-negociações, as quais eu não tinha objeções. Recebi revistas de algumas editoras vienenses em bons termos e não foi muito diferente com ele. Isso correu bem por um tempo, ele entregou para mim, eu para ele e foi compensado. Mas um dia, não era uma grande quantia para obter, o telefone tocou e Robin estava na linha. Ele disse que eu ainda devia algo a ele e que ele queria reivindicá-lo. Isso me deixou tão furioso que disse que renunciei ao meu pedido e não queria mais ouvir falar dele. Sim, bem, esse era apenas meu desejo. Ele contratou cada vez mais árabes, paquistaneses e indianos e, finalmente, foi aos meus dois principais fornecedores. O pano de fundo é que, quando comecei a trabalhar no negócio de atacado de revistas, conversei com esses dois fornecedores para obter o desconto 4,9% maior. Isso significa que, em vez de 28,2%, o maior com 33,1% bruto. Meu pedido permaneceu sem resposta, mesmo quando dirigi até a sede de um fornecedor em Salzburgo. Eu havia conseguido o aumento do desconto cerca de 10 anos depois. O Sr. Robin procurou esses dois fornecedores com o que quer que fosse e imediatamente obteve o desconto maior, conexão essa que estava clara para mim, mas não vou dar este meu.

Estabelecimentos comerciais no 20º distrito
com o pai

Novembro de 1988

Eu tinha agora 28 anos, meus amigos da
Baixa Áustria haviam se separado em todo o
estado federal, em parte por motivos
profissionais, em parte por motivos de
parceria, e então eu estava sozinho. Mais
uma vez foi um sábado tão ameno e então
tive a ideia de que havia duas meninas
morando lá a 30 quilômetros de distância,
que eu já conhecia desde a minha infância,

quando passei o verão com meu irmão e minha mãe na Baixa Áustria. Então entrei no meu carro e dirigi até uma cidade de 800 habitantes. Encontrei não apenas duas meninas, mas 3. A amiga da mulher mais velha estava visitando. Depois de algum tempo, sugeri que iríamos dançar. A amiga disse que estava cansada e precisava voltar para a casa do marido. Então eu tinha sobrado os dois e depois de algum tempo de maquiagem e estilo, chegou a hora. Dirigimos meu carro cerca de 60 quilômetros até o distrito vizinho, havia muito pouco na área a esse respeito. Bem, agora eu estava sentado lá na discoteca com duas raparigas, uns cinco anos mais nova e não necessariamente bonita, e a outra um ano mais velha e bastante "arrumada". Agora eu não tinha escolha senão alternar entre dançar com um e depois com o outro, e isso para mim, quando eu era uma dançarina tão talentosa. No decorrer da noite, já passava da meia-noite do dia 13 de novembro, quando estava sentado à mesa, percebi que um joelho batia sem parar no meu e depois parou. Acho que as próximas danças completaram a aproximação das mais velhas e vieram como tinha que vir. Foi maravilhoso. Isso então durou uns bons 20 anos.

Outono de 1995

Como o meu concorrente estava cada vez mais agressivo na venda de jornais e revistas e recorria a descontos maiores para os seus colportores, também tive que reagir. Felizmente, na época eu tinha alguns editores austríacos com os quais poderia viver, porque pelo menos naquela época não havia nada a ser feito com os referidos atacadistas. Isso se expressava no fato de que eu só podia vender minhas mercadorias na clandestinidade, pois toda vez que procurava meus clientes - e eles vêm há anos - sempre havia um árabe que poderia ser designado para a empresa Robin, com meu comprador e impediu assim a minha venda. Por isso, tive de colocar minhas revistas à venda de maneira indireta, porque o comprador de minhas mercadorias teria sofrido desvantagens financeiras se fosse visto comprando de mim. Mas como o intelecto desses órgãos de fiscalização não era necessariamente o mais elevado, continuei trazendo meus bens, mesmo com dificuldades. Naquela época, consegui aumentar as vendas (cerca de 600.000 Schilling no total do balanço) e o número de revistas enormemente, de modo que meu principal fornecedor veio até mim em um grande caminhão no 20° distrito, onde assumi as instalações comerciais de meu pai. Freqüentemente, havia 2 paletes de mercadorias com 10.000 carregadores. Naquela época eu tinha subido tanto, provavelmente por motivos de competição, que a semana ia de segunda a domingo. Minha sócia Britta, desde 1988, reclamava com razão disso e eu tinha que mudar isso, então pelo menos tirei o fim de semana de folga. Mas já que sou um pouco estúpido e farei o que me propus a fazer. Foi assim que aconteceu. Em fevereiro de 1998, vi por acaso que um dos dois principais fornecedores havia parado de entregar para a empresa Robin. Poucos dias depois, fui capaz de estabelecer oficialmente que a empresa de Robin estava falida. O valor da falência foi de 35 milhões de ATS. Esse montante certamente incluía apenas uma pequena parte dos depósitos que o Sr. Robin e seus funcionários pegaram dos colportores. Corria o boato de que ele havia roubado cerca de 15 milhões de xelins de seus 100 a 200 colportores. Fiquei sabendo também que, depois da falência, esse homem só se atreveu a sair para a rua com guarda-costas, provavelmente por causa dos depósitos retidos. Devido à falência, eles de repente estavam prontos para me dar o desconto maior de 33,1 brutos. Sim, mas já era tarde demais.

Férias de julho de 1998

Depois de nunca ter sido fã de sair de férias, ainda tirei férias de 2 semanas em Creta, que até hoje foram provavelmente as mais bonitas da minha vida até agora. Houve também algumas experiências que ficaram na minha memória: Nós, minha parceira Britta e eu, tínhamos emprestado uma motocicleta. A única coisa estúpida é que era semiautomática. Em outras palavras, estávamos ambos sentados neste veículo e aparentemente deixei a embreagem vir muito rápido e, portanto, meu parceiro estava sentado no chão. Bem, sim, na metade do primeiro obstáculo. O proprietário nos disse que só podíamos dirigir em um raio de 50 quilômetros. Ouvimos isso e começamos nossa jornada. Mas como esta ilha tem a desvantagem de, ao contrário de nós, ter que subir todas as montanhas e descer de volta, fizemos isso também e os 50 quilômetros foram esquecidos. No topo da montanha, fizemos uma pausa e sentamos na grama. Então Britta disse de repente que tinha visto algo laranja no bosque próximo. No calor do momento, escalamos por baixo da cerca e encontramos uma laranja que aparentemente passou despercebida durante a colheita. Claro que os escolhemos imediatamente. Quando a descascamos, um cheiro incrivelmente forte invadiu nosso nariz e, acima de tudo, o gozo dessa fruta foi indescritível. Então seguimos em frente, porque realmente queríamos ir para a montanha vizinha a um mosteiro. Agora era meio-dia e o sol batia forte. A estrada não era pavimentada, era uma estrada de cascalho. Mesmo assim, continuamos nossa jornada. De repente, percebi que a motoneta não estava mais reagindo da maneira que eu queria. Tínhamos um "apartamento". Não havia nada longe e largo. Então tivemos que empurrar o veículo no máximo de calor para o próximo posto de gasolina, que ficava a 5 quilômetros de distância. Não tínhamos contado ao senhorio nada sobre o que nos acontecera, mas foi uma experiência para nós dois. Poucos dias depois, o hotel em que estávamos hospedados estava realizando um safári de jipe. Pelo que me lembro, havia pelo menos 10 jipes cheios de comida e atravessamos a ilha de norte a sul e de leste a oeste até chegarmos a Elafonisi (as Maldivas de Creta). Sim, tínhamos comida suficiente, da carne à salada, mas o que faltava eram os talheres. Então as mulheres foram para o mar, lavaram as mãos e prepararam as saladas com as mãos. Em qualquer caso, tinha um gosto bom. Um ano depois, novamente em julho, saímos de férias para Lanzarote. Não gostamos muito de lá, pois toda a área nos parecia muito estéril, também não podíamos ir nadar no mar, a água era muito fria (Oceano Atlântico). E novamente, um ano depois de julho de 2000, ficamos alguns dias em uma pousada na Styria, de onde fizemos algumas caminhadas. Desde então quase não tirei férias, exceto em 2017 para a Itália em alguns dias de ônibus, o que obviamente foi mais cansativo do que pegar o avião.

Agosto de 2000

Quando voltamos de nossas férias na Áustria (3 dias - viagem à Áustria) em julho de 2000, Britta me disse que estava com dor abdominal e que já tinha uma consulta com o ginecologista para isso. Depois dessa consulta, ela me ligou imediatamente: eu estava obviamente preocupada e ela disse: que coisa boa. O que isso deveria ser? Ela disse que eu vou ser pai. Fiquei pasmo, mas ambos tínhamos como certo que estaríamos lá para ajudar aquela criança. O assunto do aborto nunca foi tocado e foi bom, pelo menos na época em que descobri. A data de vencimento foi fixada no início de março de 2001. No dia 24 de fevereiro de 2001, um sábado, Britta me acordou de manhã e disse que havia chegado a hora. Para meu trabalho, eu tinha uma van que estava funcionando há anos. Também nevou bastante no dia anterior. Então, dirigimos cerca de 50 quilômetros até o hospital sem aquecedor no carro, porque não funcionou. Quando chegaram ao hospital, perceberam que demoraria um pouco. Então, acabamos de dar uma caminhada na neve do complexo. À noite, deixei-a com o pedido de que eu fosse informado, independentemente da hora do dia, se ele viria. Nenhuma ligação veio, então eu dirigi para o hospital às 8h no Mardi Gras. Quando abri a porta de seu quarto, ela me cumprimentou com a palavra: Surpresa! Um momento depois, a porta se abriu novamente e uma enfermeira trouxe meu filho para mim. O que vou lembrar para sempre foi o momento em que o segurei em minhas mãos pela primeira vez. Indescritível.

Meu filho aos 10 meses

Apartamento 1990 – 1991

Até então, eu morava no pequeno apartamento que tinha quando tinha 18 anos. Mas, como a administração da propriedade e o proprietário do prédio queriam uma reforma geral da casa, tive que mudar um andar para um apartamento um pouco maior. Meu apartamento foi fundido com o apartamento vizinho com a promessa de que eu poderia voltar para o apartamento de 70 metros quadrados depois que a obra fosse concluída. Isso também foi observado e em 1991 me mudei para este apartamento. Mas como meu vício piorou com o passar dos anos, o que eu não sabia na época, atrasei o pagamento do aluguel. Então, surgiu, como era de se esperar, um processo de despejo. Britta e eu estávamos procurando um apartamento. Ela encontrou o que procurava em um anúncio de jornal. Uma maisonette no 2º distrito com um aluguel de cerca de 10.000 xelins. Ressaltei que não tinha como pagar, mas não foi necessariamente aceito. Portanto, devolvi o apartamento no 20º distrito sem um aviso de despejo e me mudei para o 2º distrito. Mas como a minha paixão por jogos não melhorou, ao invés disso piorou, logo me deparei com o mesmo resultado do 20º distrito. Por isso, procurei um Garcionerre no distrito 20 que pudesse pagar.

1980 – Vício

Tudo começou pequeno, joguei alguns xelins em uma máquina e talvez ganhasse alguma coisa uma vez, mas joguei de volta nesse balde, porque o grande lucro está chegando. Levei cerca de 15 anos para perceber que era viciado em jogos de azar. Minha parceira Britta me incentivou a fazer terapia, mas também tive que admitir que era viciada nisso. Procurei a ajuda de Jogadores Anônimos. Havia terapias em grupo uma vez por semana e terapias individuais por acordo. A terapia individual me causou um colapso nervoso porque eu nunca tinha experimentado nada parecido antes, especialmente porque o terapeuta havia se aprofundado muito. A terapia de grupo não foi necessariamente bem-sucedida porque entrei no carro após a sessão e fui parar no fliperama novamente. Portanto, não vi sentido nessa terapia. Aparentemente, eu precisava fazer mais a esse respeito. Britta me perguntou sobre o progresso dessa terapia ou se eu havia parado de jogar. Eu respondo com "sim", que teria parado de jogar. Pelo que eu sei, foi a única vez em 20 anos de parceria em que menti para ela. Mas também tinha o hábito de evitar com habilidade perguntas delicadas, especialmente as de natureza financeira. Naquela época, eu não via saída e os pensamentos suicidas se aproximavam cada vez mais.

Falência de junho de 2001

Em 15 de fevereiro de 2001, dez dias antes do nascimento de meu filho, tive uma negociação de falência. Isto foi precedido da apresentação de minha própria iniciativa ou de meu entendimento comercial. Falei com o juiz sobre isso e conseguimos uma taxa de indenização em torno de 13,84% que poderíamos oferecer aos credores. Nesta audiência no Tribunal de Comércio de Viena, estiveram presentes dois representantes de credores de cerca de 20 credores. A cota oferecida não foi aceita pelos advogados da associação de proteção ao crédito e pela AKV. Em meados de junho de 2001, as autoridades municipais do 20º distrito me pediram para devolver as duas licenças de comércio que eu tinha por quase 9 anos. A razão para isso é que eu havia acumulado muitas dívidas ao longo do tempo. Fiz isso e fui registrado como desempregado. Meu pai, que na época era aposentado, comprou novamente sua licença comercial para o atacado de revistas. E assim os negócios foram acontecendo, mas isso não me impediu de jogar e, acima de tudo, de fazer algo a respeito.

2000 magistrado / finanças

Por volta da virada do milênio, meus clientes continuavam me procurando e pedindo a confirmação de suas receitas. Por outras palavras, os respectivos escritórios exigem a correspondente comprovação de rendimentos quando da prorrogação ou reapresentação da autorização de residência. Era oficialmente esperado que uma pessoa que vivia na Áustria tivesse uma renda mínima de € 700. Para mim, foi fácil determinar porque havia um desconto fixo e um preço de varejo. Então eu escrevi para você se a quantia fosse suficiente e você recebesse o documento correspondente do magistrado. Em nenhum dia recebi dinheiro pela emissão deste jornal, pelo menos não até 2006. Para mim, essas pessoas também eram comerciantes autônomos e também tiveram que repassar o valor que eu havia escrito para o canal de avaliação. Se eles realmente praticaram isso está além do meu conhecimento. Mas também defini isso nos papéis em exibição.

Março de 2006 morte de meu pai

Em 25 de fevereiro de 2006, meus pais vieram até nós, Britta, meu filho Gregor e eu para a Baixa Áustria. Meu parceiro a convidou para o aniversário de 5 anos do meu filho. Depois de se aposentar em 1992, meu pai ganhou cerca de cinco quilos. Ele não era gordo, mas gostou da refeição ao máximo. Claro, meu filho já tinha descoberto isso aos 5 anos, então bombardeou meu pai com pastéis no lanche. Vovô pega o bolo, eu sei que você gosta de mordiscar também. Quinze minutos depois, ele veio com uma rosquinha e o vovô pegou e comeu. Na manhã seguinte, na loja, por volta das 7 horas, meu pai já estava lá, como sempre. Entramos no carro e fomos até um cliente. No caminho, ele me disse que havia dormido muito mal naquela noite. Além disso, ele se levantava a cada meia hora para ir ao banheiro   com   dores   no   peito correspondentes. Quando voltamos aos negócios, uma hora depois, pedi-lhe com urgência que fosse ao nosso médico na mesma rua para dar uma olhada. Bem, sim, era inverno em 26 de fevereiro de 2006 e meu pai foi ao médico com grande relutância apenas em seu suéter. Depois de uma hora, meu telefone tocou e foi a vez dele. Eu deveria levar um casaco para ele para o clínico geral na rua, porque o médico de família o teria enviado ao internista imediatamente com a suspeita de um ataque cardíaco. Essa médica não se permitiu ser levada lá para um diagnóstico e chamou imediatamente a ambulância para levá-los a um hospital. Chegando ao hospital, se confirmou a suspeita de que os dois médicos suspeitavam. Lá, ele foi examinado por 11 dias e liberado em 10 de março, uma sexta-feira. No dia 13 de março pela manhã, como sempre, entrei na loja por volta das 7h e meu pai já estava lá. Como a primeira coisa que faço de manhã é um café, também o fiz naquele dia. Enquanto isso, percebi que meu pai estava indo para o banheiro do corredor. Como de costume, preparei um café para minha mãe no primeiro andar da mesma casa e fui até os fundos da loja na escada. Notei que a luz do banheiro do nosso corredor (vidro opaco) estava acesa e eu sabia que só poderia ser o meu pai, mas já haviam se passado 10 a 15 minutos quando o vi pela última vez. Fui então ao apartamento dos meus pais e conversei um pouco com ela. Quando passei no banheiro novamente, a luz ainda estava acesa e entrei na loja, mas não havia ninguém. Fui novamente ao banheiro e bati na janela, mas não houve reação. Nesse ínterim, a vizinha que morava ao lado saiu de seu apartamento. Mas, como não houve reação no banheiro, não tive escolha a não ser quebrar a janela da porta com o cotovelo. Em seguida, o vi já sentado encostado na parede e com sangue de seu nariz. A vizinha chamou imediatamente a ambulância e também trouxe roupas para o chão do corredor para que eu pudesse vestir. O resgate chegou muito rápido e eles tentaram trazê-lo de volta com um desfibrilador, mas em vão. A ambulância informou ao oficial médico que ele deveria determinar a morte. Nesse ínterim, também apareceu a polícia, onde um homem ficou ao lado do morto até a chegada do oficial médico. Isso veio depois de cerca de 3 horas. A primeira de suas perguntas era se havia alguma descoberta recente que eu poderia responder. Depois de examiná-lo, disse: Com o coquetel, não foi nada surpreendente e morrer em Viena na segunda-feira foi desfavorável, porque temos um engarrafamento. Se eu não estivesse de luto, não teria sido capaz de me controlar sobre essas declarações. Mas o que ainda me tocou foi que eu precisava contar para minha mãe, que estava em seu apartamento. E o próximo problema foi informar meu irmão, que estava sem contato por cerca de 20 anos, que nosso pai havia morrido. Ele brigou com os pais por causa da herança a que tinha direito. Mas ele estava lá dentro de uma hora, sem palavrões. Em 24 de março de 2006, nós o enterramos no Cemitério Central de Viena. Então, quando o caixão foi baixado, tive um acontecimento decisivo. Eu herdei muito do meu pai, inclusive o fato de que não podemos falar sobre problemas e que sempre os evitamos, agora era tarde demais.

Extorsão de março de 2006

Em 14 de março, devolvi as duas licenças comerciais de meu pai ao magistrado responsável no 20º distrito. Eu já conhecia o manejo a esse respeito. Em 20 de março, meu telefone tocou e o número foi retido. Na outra extremidade estava um homem que não me disse um nome, embora eu tenha perguntado várias vezes no decorrer da conversa. Ele disse que eu deveria continuar a escrever as confirmações que venho escrevendo desde a virada do milênio. Quando perguntei por que deveria fazer isso, ele me contou sobre as circunstâncias do lugar onde meu filho cresceu que você só poderia saber se estivesse lá. Por exemplo, quando ele foi para o jardim de infância hoje e assim por diante. Isso, claro, me irritou e eu o ameacei. Sua resposta foi apenas que após a ligação anterior ele me mandaria um estrangeiro e eu teria que emitir uma confirmação. Eu teria que cobrar € 10 por um mês e € 15 por vários meses, que essas pessoas pagariam. No começo recusei, é claro, argumentando que não poderia mais escrever isso porque não tinha direito à troca, mas com o tempo as informações sobre meu filho, o que ele estava fazendo, tornaram-se cada vez mais reais e tive que assumir que ele ficou perto de Gregor, o que foi comprovado um ano depois. Na aldeia com cerca de 800 habitantes e uma área de 34 quilómetros quadrados, os estranhos chamam naturalmente a atenção, principalmente quando conduzem em frente a edifícios públicos, como uma escola ou jardim de infância. Agora eu tive a escolha de ir à polícia e preencher um relatório, se aceito, e a proteção para meu filho será atribuída por uma ou duas semanas, e então eu tenho que tremer se o homem consegue pensar em alguma coisa. A outra opção era fazer do meu jeito, o que eu mesma fiz, independentemente das consequências. Assim, as ligações aconteciam várias vezes por semana com números suprimidos e os estrangeiros, que eu conhecia apenas parcialmente, recebiam suas confirmações contra pagamento. Quando perguntei às pessoas de onde haviam contato, não obtive informações. Então decidi seguir essas pessoas, mas pelo menos no começo isso era inútil. Nesse ínterim, já era outono de 2007, meu filho foi para a escola primária. Na aldeia, um homem foi observado em vários locais onde se presumiu que era um pedófilo, visto que foi visto repetidamente na escola ou no jardim de infância. Mas isso foi um erro, a coisa toda foi feita para mim. Numa sexta-feira depois da escola, como em todos os dias de aula, meu filho pegou o ônibus escolar para casa. Como o caminho a cerca de 500 metros do ponto de saída até o local de residência não era totalmente visível, um carro veio repentinamente da rua lateral, parou na casa do meu filho e a porta do passageiro se abriu. Um homem falou com ele e queria dar-lhe um doce. Meu filho reagiu uma vez e correu imediatamente para a casa onde meu companheiro o esperava. Ela viu o veículo e também chamou a polícia, só que até eles chegarem o motorista estava sobre as montanhas, apesar do beco sem saída. Quando meu filho me contou isso no mesmo dia, sexta-feira à noite, falei com minha parceira sobre isso e disse a ela que isso não era um pedófilo, teria se aplicado a mim, mas ela se manteve na versão do pedófilo.

13 de dezembro de 2006

Era uma sexta-feira e novamente dia 13. Eu estava sentado na loja que tinha duas saídas, uma para o pátio da casa e outra para a rua. Escrevi em meus programas, como fazia há muito tempo, e fui absorvido por isso. De repente, houve uma batida na porta do pátio, eu havia trancado a outra porta. Era por volta do meio-dia e assumi que era uma festa em casa. Quando abri a porta, havia um homem com cerca de 190 cm de altura e uma aparência bem cuidada. Ele se identificou com seu nome e RG como o "Diretor Oficial" do Departamento de Impostos de Viena. Agora ele disse, segurando um pedaço de papel A4 na mão, que segurava uma confirmação na qual o carimbo da minha empresa e minha assinatura podiam ser encontrados nele. Ele também afirmou que foi impresso em ambos os lados. Ele também perguntou se poderia entrar, o que eu não recusei. Mas então eu tive que refutar imediatamente suas afirmações. Por um lado, nunca tinha dado da minha mão papéis que estivessem impressos nos dois lados e, por outro lado, também não tinha carimbado essas cartas, que já estavam incluídas no programa que havia escrito para eles eu mesmo. Nunca recebi a carta na qual essa afirmação foi baseada. Agora ele disse se poderia dar uma olhada no meu PC de suporte, o que eu não recusei. Ele também queria olhar e tirar fotos dos meus extratos bancários, que eu tinha na prateleira atrás de mim, que não recusei, porque não tinha consciência de nenhuma culpa. Agora ele começou a tomar seus minutos. Quando ele perguntou como aconteciam essas confirmações de renda, quando e por que, ele encerrou a visita com a pergunta de quanto eu teria recebido por ela, e ele se referia não só a dinheiro, mas também a bens naturais. O que devo responder agora, porque, nesse ínterim, percebi que ele precisava de seu senso de realização e, por outro lado, ainda tinha meu chantagista nesse momento, que me pressionou bastante. Então respondi sua pergunta com a resposta: Não recebi nada em troca. Sua reação foi não acreditar nisso. No ano seguinte, ele veio à minha loja mais duas vezes sem aviso prévio e continuou procurando. Da última vez, ele perguntou se poderia levar o PC do estande com ele para a repartição de finanças, o que eu respondi afirmativamente depois de algum tempo para pensar a respeito. É hora de pensar no fato de que não teria necessariamente sido benéfico para o computador, mas é claro que eu não tinha nada a esconder. Eu o coloquei de volta em funcionamento em dois dias, mas ele não me disse se algo ilegal foi encontrado ou não. Até agora, tudo bem ou não. No outono de 2007, houve então um "convite" para a repartição de finanças do 22º distrito. Lá ele me ofereceu os resultados de sua auditoria fiscal, como é chamada em alemão financeiro. Ele já havia me indicado que teria de me agradecer se eu não dissesse a ele o que faria para a emissão da demonstração do resultado e por isso combinamos esse nome. Sua estimativa era que ele pensava que eu teria recebido € 100 por cada confirmação, começando em 1998 e indo até 2008. Isso significa uma receita de € 40.000 e despesas de "acomodação" menos 50%. Portanto, aos seus olhos, eu havia ganhado € 20.000 ano após ano com esse trabalho, o que também se refletiu no correspondente imposto de renda modesto. De uma só vez, tive duas reclamações da repartição de impostos e da seguradora de saúde no valor de um valor de 6 dígitos, contra as quais respondi imediatamente apelando para o então Senado de finanças como o órgão de nível superior das repartições de impostos, hoje, pelo que sei, é a procuradoria financeira. Todas as nomeações, e isso era de 9 anos na época, foram rejeitadas ou rejeitadas pelos cargos individuais. O estado ou seus funcionários estão geralmente certos, o cidadão dificilmente. O que eu não esperava na altura, porém, era o facto de este director oficial, não só encarar isso como uma ofensa financeira, mas também como uma violação da lei. Após a conclusão do seu exame em 2008, ele transmitiu os dados que havia construído, dos quais nunca poderia fornecer provas, ao Ministério Público de Viena para fins de verificação de ilegalidade. Além das minhas nomeações em 2008, para os anos de 2006 a 2008, quando finalmente consegui falar com o meu chantagista, preparei declarações de imposto de renda para esses 3 anos no total de € 2.500 em receitas de preparação de declarações de resultados, que foram não foi levado em consideração até hoje. Nos anos de 1998 a 2005, inclusive, não tive entrada devido a essa circunstância. Este Ministério Público também reagiu na forma dos respectivos tribunais distritais, onde entre 2009 e 2011 fui "convidado" a comparecer como testemunha em cerca de 100 intimações. O processo lá era sempre o mesmo. O teor básico dos meus interrogatórios pelo respectivo tribunal foi sempre o mesmo. Perguntaram-me se havia publicado este artigo e, claro, por quê. Sempre havia um estrangeiro sentado à minha frente que, entre outras coisas, era acusado pela Secretaria Municipal 35 de ter obtido ou comprado uma autorização de residência com tal confirmação. O documento no qual esse processo foi baseado foi apresentado a mim e eu tive que determinar se o havia publicado ou não. 90% deles eram papéis meus, mas também havia falsificações, que é o que o presidente executivo alega. Os estrangeiros acusados, que eu conhecia pelo menos pelas aparências, recebiam, se realmente fossem considerados culpados, 2 meses a três anos, condicionalmente, não mais. Como já mencionei, em maio de 2008 finalmente consegui falar com o chantagista, seguindo mais uma vez um suposto colportor, depois que ele recebeu minha confirmação. Com argumentos "poderosos", implorei a esse homem que apagasse meu número imediatamente e nunca mais me ligasse. Eu não tinha muita esperança, mas ele manteve isso por algum motivo e eu nunca mais vi ou ouvi falar dele, mas também mudou o número do meu celular. Eu nunca fui capaz de descobrir o que ele tirou disso ou não. Na primavera de 2010, recebi repentinamente uma carta registrada do Promotor Público de Viena - Tribunal Criminal de Viena. Nele, fui convidado a comparecer como suspeito no Ministério Público para interrogatório. Acompanhei isso e sentei-me em frente ao promotor público. Fui acusado de emitir declarações de renda em desacordo com a lei. Como esse homem de meia-idade tinha alguns arquivos à sua frente, folheou-os e perguntou-me se ele sabia o nome que estava lendo ali e, principalmente, como surgiram esses papéis. Eu então confirmei suas perguntas, mas pedi a ele que me mostrasse as confirmações, onde pude novamente reconhecer cerca de 10% de falsificações, que ele também viu. Pelo que me lembro, ele estava com ele pela segunda vez este ano. A coisa toda foi apenas interrogatória de um acusado por parte do Ministério Público. Na primavera de 2011, recebi outra carta registrada, mas desta vez do Tribunal Criminal de Viena, para onde eu deveria ir como réu. Lá conheci um juiz, o promotor público, que eu já conhecia, e meu defensor público, que, em meu primeiro encontro com ele, reclamou que teve de ler 6.000 páginas de documentos judiciais para o julgamento. Agora chegou a esta negociação, onde naturalmente todas as partes fizeram perguntas. A questão de saber se eu tinha recebido dinheiro para esta edição dos jornais era de importância secundária, assim como durante o interrogatório do promotor público. Consegui convencer o juiz da melhor maneira possível com minhas respostas e argumentos. Meu advogado estava mais relutante, apenas cavando um precedente que tinha muito pouco a ver com minha acusação. O promotor foi um pouco mais persistente e fez perguntas bastante rápidas. Resultado desse julgamento, o juiz anunciou o veredicto, 24 meses de reclusão, significa sem prisão. Depois que o veredicto foi pronunciado, ele me instruiu sobre minha decisão a respeito; aceitar a sentença imediatamente, 3 dias para considerar ou apelar imediatamente. Eu realmente não esperava isso, porque presumi que poderia deixar a corte como um homem livre e inocente. Então olhei para o meu advogado de defesa e mostrei a ele 3 dedos por 3 dias para pensar sobre isso. Mas vendo que o promotor viu minha hesitação, ele disse que iria apelar ou tomar medidas legais. Em fevereiro de 2012, teve lugar a segunda audiência no Tribunal Regional Superior de Viena, onde presumi que o veredicto seria a meu favor. Então, entrei na sala do tribunal na hora prescrita e encontrei um Senado de juízes. Quando meus dados foram verificados, um dos juízes falou comigo: O julgamento do Tribunal Criminal de Viena será alterado para 16 meses condicionais e 8 meses incondicionais. Minha reação a isso: não pode ser isso! O juiz disse: Se você não entendeu o veredicto, terá que ser detido por 8 meses. Para mim, um mundo desabou. Por um lado, eu havia emitido esses papéis de boa fé até ser chantageado, por outro, queria proteger meu filho, que deu errado nas calças. Quase nunca tive uma vantagem financeira e fui punido por isso. É claro que perguntei ao meu advogado o que mais poderia ser feito a esse respeito, mas tive que perceber que não havia nenhum recurso para essa sentença, apenas uma petição. Mas ele imediatamente não me deu esperança de que algo nessa decisão do Tribunal Regional Superior mudasse como resultado de tal petição. Mas eu pedi a ele para fazer isso. Mas também não teve sucesso. Então, recebi uma carta do tribunal, onde eu deveria estar na prisão Simmering até 10 de abril de 2012, o mais tardar, para iniciar minha sentença de prisão de 8 meses.

2006 a 2011 tudo sobre cuidados

Quando meu pai morreu em março de 2006, como já mencionei, eu estava mais uma vez diante de um despejo de minha Garcionerre no 20º distrito. Agora, depois da morte de seu marido, minha mãe estava completamente sozinha, e depois de quase 53 anos de casamento, o teto sobre minha cabeça foi removido, então o que restou foi me mudar para um apartamento de 75 metros quadrados com a discussão sobre minha parte é dar supervisão mútua, porque ela ficou bastante deprimida após a morte. Na época, eu não sabia dizer se minha decisão estava certa ou não, e ela já tinha tido 2 derrames atrás dela. Na altura do falecimento do marido, ela pesava cerca de 80 quilos, não era gorda, mas era atarracada. O primeiro ano com ela em apartamento foi muito bom, fomos às compras, ao médico e a exames. Neste ponto, ela tinha que tomar cerca de 10 comprimidos por dia devido a suas doenças anteriores. Entre eles estava um psicotrópico, em que eu precisava ir a um neurologista, em vez de ao médico de família, todas as vezes para obter a receita. Acho que foi prescrito porque ela estava cada vez mais deprimida. Dir-se-ia também que fiz o meu trabalho na mesma casa, apenas separada por um pátio. Significa que eu estava no térreo e ela no apartamento do primeiro andar. No segundo ano, seu estado começou a piorar rapidamente, ela comia cada vez menos e não queria sair de casa. Lembro-me de um episódio em que nós duas estávamos fazendo compras no supermercado a cerca de 300 metros e ela não conseguiu ir mais longe depois de pagar pela compra. Então eu a sentei na loja, corri os 300 metros de volta para a loja e peguei meu tobogã, que eu tinha há anos, dirigi para dentro da loja, coloquei no tobogã com grande relutância e dirigi para casa. Eu não me importava com o que parecia. Você não necessariamente. A coisa toda parecia que eu passei no apartamento com ela de segunda a sexta-feira e fui ver minha família na Baixa Áustria na sexta-feira à noite, Gregor e Britta. Mas como ela não deveria necessariamente ficar sozinha no fim de semana, meu irmão vinha passar duas ou três horas no sábado e isso se transformava em uma farsa quase todas as vezes. Uma vez ele me ligou porque não encontrou o remédio, outra vez por alguma trivialidade. Quer dizer, ele também não me ajudou muito nesse especto. Mas com o aumento da depressão, da paranoia e da demência, o cuidado de sua pessoa tornou-se cada vez mais difícil, ou seja, o cuidado de 24 horas foi utilizado integralmente. Durante o dia, como ela não tinha mais noção de tempo, ela dormia e durante a noite quando eu queria dormir no quarto ao lado, ela assombrava o apartamento. Nem precisei pegá-la na sala de estar à meia-noite ou mais tarde e colocá-la de volta na cama. Além disso, ela não tinha mais uma visão geral dos utensílios domésticos que possuía. Aconteceu que às 11 horas da manhã ela se levantou na varanda e chamou meu nome bem alto porque ela estava de pé, Pedro, precisava de pelo menos dois tubos de pasta de dente. Aí eu entrei no pátio, a vi gesticulando loucamente na varanda e disse que ela deveria olhar na caixa, pelo que eu sei havia pelo menos 10 tubos de pasta de dente lá. Tudo o que ela disse foi que ela saberia o que ela precisava e não eu. Então eu tive que comprar para ela os tubos 11 e 12 imediatamente e imediatamente. Eu nunca fiz isso, que fui às compras. A única hora que eu tinha para respirar era quando ela ia de um hospital para o outro, então eu só tive que visitá-la por cerca de uma hora, porque não havia mais nada ali. Tornou-se cada vez mais difícil para mim falar com ela porque ela não via perspectiva. Nos hospitais individuais, acho que ela "visitou" quase todos os hospitais de Viena, mas eles os mantiveram por um máximo de 10 dias, porque fisicamente não conseguiam encontrar nada e no que dizia respeito à psique, ninguém podia ajudar dela. Ora, meu querido irmão, com quem, como já disse, não tive contato por cerca de 20 anos, teve a gloriosa ideia de incapacitar sua mãe. Para fazer isso, ele foi ao tribunal distrital responsável e apresentou o requerimento. Minha opinião sobre isso era que ela certamente ainda estava sã, mesmo que já estivesse a caminho de ficar louca. Então, uma noite, após notificação prévia, um advogado do tribunal distrital veio ao nosso apartamento. Minha mãe e nós dois filhos estávamos presentes. No início ele fez suas perguntas à minha mãe, que respondeu corretamente, mas depois meu irmão, que fez o pedido, recebeu instruções bastante sólidas desse advogado. Ele disse que a mulher estava perfeitamente sã e por que ele havia feito o pedido, o que é claro que ele não poderia responder. Este pedido foi, portanto, rejeitado. Até este ponto, meu relacionamento com meu irmão ainda era razoavelmente bem-educado e real. Depois disso, foi piorando, até e incluindo ataques físicos de sua parte na presença de nossa mãe. Em setembro de 2010, ela caminhou pelo apartamento novamente durante o dia e caiu na sala. Eu estava apenas fora de casa no momento. Naquela época ela tinha uma ajudante domiciliar três vezes ao dia por cerca de 4 anos, porque eu nem sempre estava lá e o resultado era um cofre com chave na entrada do apartamento, pois é claro que os serviços de ajuda domiciliar e resgate também eram utilizados. Além disso, ela tinha uma pulseira com um botão de emergência que ela poderia usar se necessário. Então, naquele dia veio o resgate, que também me informou que algo havia acontecido com minha mãe, e eles também entraram com a chave do cofre. Eles então a levaram para o hospital, onde foi descoberto que ela tinha uma costela perfurada nos pulmões quando ela caiu no apartamento. Agora dirigi até o hospital mais próximo e conversei com o médico-chefe do departamento. Ela me perguntou se minha mãe seria cuidada 24 horas por dia depois que ela fosse liberada. Mas eu tive que responder a essa pergunta com não, porque eu estava física e mentalmente exausto não só por causa disso, mas também por causa do meu vício. Teria de ser enviado com antecedência porque, imediatamente após a morte de meu pai em março de 2006, meu irmão havia se candidatado a uma vaga em um asilo para idosos. Teria sido mais fácil para ele vê-la em uma casa um mês depois. Quando, depois de cerca de 2 anos, recebi a promessa de uma casa no distrito 20, eu conhecia essa casa por dentro e por fora, e ela me torturou com a decisão do que fazer:

voltar para casa ou não. A este respeito, convém referir que esta casa se encontrava num ambiente familiar e, uma vez que não existe há muito tempo, é também muito bonita. Meu argumento era que seria sua própria decisão e que eu não aconselharia nem desaconselharia. Meu irmão, é claro, imediatamente a convenceu a ocupar o lugar. Depois de algumas semanas e meses, ela recusou. Agora, como eu disse, ela estava internada e a prefeitura de Viena estava procurando uma vaga em uma casa de repouso, que ela conseguiu no final de 2010 em uma casa recém-inaugurada no 22º distrito. Lá no 8º andar com elevador, ela ganhou um quarto com cerca de 20 metros quadrados. Pelo que eu percebi, ela era uma das mais novas na época, com 78 anos. Havia uma sala comum ao lado das salas onde os presos se reuniam para fofocar ou jogar. Lembro-me de ter dito várias vezes que ela deveria sair do quarto e conversar com os outros. Mas sua paranóia ou demência estava tão avançada que ela não queria estar perto das pessoas, porque elas podiam fazer algo por ela, como eu tive que ouvir dela em vários hospitais quando ela viu pessoas com jalecos brancos e quem queria fazer algo para ela. Ela não permitiu meu argumento de que se tratava apenas da equipe médica que queria ajudá-la. Em 2 de março de 2011, fui à casa dela quase todos os dias para visitá-la. Naquele dia ela quase não estava disponível, nem pude falar com ela. Quando voltei para casa, tive minhas premonições. Durante a noite, como sempre, desliguei meu celular. De manhã, quando o liguei novamente, vi uma mensagem de texto da casa. Minha premonição foi confirmada, ela adormeceu pacificamente nos braços de uma enfermeira naquela noite. Agora enterramos nossa mãe na mesma cova onde meu pai estava. Eu estava agora sozinho em um apartamento de 75 metros quadrados com meus pertences e um aluguel de pouco menos de € 500.

Maio de 2011 Neocatomenato

Meu relacionamento com minha mãe não era exatamente o que eu tinha na época, mas ela estava lá para mim mesmo na minha infância, mesmo que apenas de forma limitada. Então, eu estava em um dilema no que dizia respeito a ela. Em um lindo dia de primavera no início de maio, eu estava caminhando ao longo do Canal do Danúbio com minhas roupas velhas em um domingo, então sentei em um banco e comecei a digitar no meu celular. Como eu já tinha uma visão muito limitada neste ponto devido à crescente catarata, não vi muito. De repente, o sol que brilhava no meu rosto escureceu. Quando olhei para cima, havia duas pessoas na minha frente que eu mal conseguia distinguir. Uma mulher me perguntou se eu acreditava em Deus depois de se apresentar como Anna. Ela também apresentou a segunda senhora, mas não me lembro o nome dela. Teria de ser enviado com antecedência para que eu tivesse evitado tal discussão a qualquer momento. Essa pergunta, que não quero responder aqui, resultou em uma conversa de meia hora e no final me disse: Te convido no próximo sábado à noite às 20h. Vou anotar o número do telefone de Wolfgang para você, caso aconteça alguma coisa nesse meio tempo. O que é que foi isso? Duas mulheres que eram uns bons 10 anos mais velhas do que eles me convidaram. Eles também me disseram que eram do Neo-Catolicismo, parte da Igreja Católica e não de uma seita. Ok, agora eu tinha um número de telefone de um certo Wolfgang e um convite. O que isso deveria ser? Agora, eu me deitava na cama todas as noites e refletia sobre esse convite. Então este sábado chegou e pensei que tinha dinheiro como nenhum e claro que estava curioso para saber o que era. Então, como de costume, saí de casa mais cedo e cheguei no distrito 20 às 19h30. Quando entrei no corredor onde tudo aconteceria, vi um homem do outro lado da sala que estava arrumando cadeiras dobráveis. Quando ele me viu na porta, ele veio até mim, estendeu a mão e disse que era Wolfgang. Só então percebi que se tratava de um padre, porque estava vestido de preto de cima a baixo. Quando ele perguntou meu nome, fiquei um pouco perplexo e comecei a gaguejar e disse: Meu nome é Eduard. Esse nome ficou comigo por um tempo, até que consegui convencê-lo a me chamar de Edi. Ele também perguntou se eu poderia ajudá-lo a arrumar as poltronas, o que é claro que fiz de bom grado. Já eram quase 20h e esperava que aparecessem alguns idosos, as 20 poltronas estavam prontas e me sentei em uma delas. Então a segunda porta da sala se abriu e uma garota de cerca de 16 anos entrou com um violão nas costas. Com o tempo a sala se encheu e descobri que era uma das mais velhas. Quando tudo começou pouco depois das 20 horas, claro, tive que me apresentar, o que nunca tinha gostado de fazer antes. Em seguida, descobriu-se que era uma Eucaristia com duas leituras e um evangelho da Bíblia. Eu ainda tinha na minha mente que minha avó, que era católica, muitas vezes me transferia para a missa na Igreja Católica durante os meus tempos de escola e eu já pensava naquela época que não era nada para mim, todos os velhos, orando e ajoelhando e orando novamente. Mas foi um pouco diferente e não apenas os participantes. As duas leituras da Bíblia foram preparadas e lidas pelos próprios participantes individualmente. Wolfgang, que se apresentava como um padre, apenas presidia e tinha que ler o Evangelho e depois analisar todas as leituras em um sermão. Nós, todos os participantes, poderíamos também anunciar o que a respectiva leitura nos teria dito e de forma voluntária. Também gostei que o violão não estava ali apenas para olhar, mas que uma música era sempre entoada entre as leituras individuais e todos cantávamos junto com ela. Pois bem, isto foi concluído por volta das 22h00 e fui informado que haveria uma liturgia de palavras na terça-feira seguinte às 20h00. Depois de me prometer esse tipo de feira, voltei na terça. Tornei-me então irmão daquela que era então a décima comunidade do

Neokathomenat, que também pratiquei durante sete anos e que pessoalmente me trouxe muito. O processo nesta comunidade era sempre o mesmo, 3 a 4 pessoas deste grupo tinham que preparar a respectiva liturgia ou a Eucaristia em uma das 3 a 4 pessoas em casa alguns dias antes e então apresentá-la naquele dia. Nem sempre foi fácil encontrar gente suficiente para participar. Também tínhamos um domingo comunitário a cada um ou dois meses e cerca de duas vezes por ano em um fim de semana comunitário em um hotel na Baixa Áustria. Quando vim para esta comunidade em maio de 2011, ela existia há apenas meio ano. Ou seja, vocês não se conheciam muito bem, mas isso mudou com o passar dos anos, à medida que você se preparava com outra pessoa e via o ambiente em que ela se movia. Naquela época, fiz amizade com duas irmãs, Maria e Giada. Maria nasceu na Polônia e estudou na Áustria, Giada era uma jovem intercambiaste de Capri / Itália, com cerca de 20 anos. Eu tinha feito muito com os dois, mas Giada teve que voltar para a Itália no verão de 2012 quando já falava um alemão perfeito. O que me conectou com Maria foi que ela se entregou ao meu vício tanto quanto eu, mas não tão excessivamente.

Sentença de prisão de abril de 2012

Então, em 10 de abril, dirigi com meus pertences até o 11º distrito para começar minha sentença de prisão, pois eles estavam ficando cada vez menos. Isso foi precedido pelo fato de que dois meses antes eu tinha outro processo de despejo com a data de execução, 10 de maio de 2012 no meu pescoço. Portanto, tive pouco tempo para desocupar o apartamento no 20º distrito. Maria e minha colega, a quem voltarei mais tarde, foram de grande ajuda para mim porque eu estava sob custódia na época. Quando cheguei ao centro de detenção, fui revistado minuciosamente e depois colocado na enfermaria fechada em uma cela de cerca de 10 metros quadrados em pares. No início fui orientado sobre o que fazer e o que não fazer, além de ser informado sobre qual departamento havia. Durante o dia, havia apenas uma hora de caminhada no pátio, se o tempo permitisse. Nos primeiros dois meses, é claro, tive tempo suficiente, conversar com meu companheiro de prisão nem sempre foi fácil, então peguei a Bíblia e li do começo ao fim, apesar das cataratas. Depois de dois meses, fui transferido para o sistema prisional descontraído, onde se podia trabalhar no centro de detenção. Havia 6 a 10 pessoas na sala que trabalharam em vários departamentos. Mas como sou uma pessoa que goza de sua liberdade, me deixei transferir novamente e acabei ao ar livre. Isso significa acordar às 4h30 e dirigir do 11º distrito até o quartel do 14º distrito, onde fui designado para cuidar da jardinagem com outros prisioneiros. Como não era exatamente agradável ficar ao sol o dia todo em julho de agosto de 2012, ansiamos pelo fim do trabalho às 16h. Depois disso, tivemos que estar de volta ao centro de detenção por volta das 18h em ponto. A irmandade a que me afiliei um ano antes deu-me um grande apoio naquela época. Isso foi expresso no fato de que, a cada dia de minha visita, três dos meus atuais irmãos vieram me visitar e me deram consolo. Como também tive a oportunidade de passar o final de semana fora da instituição com o departamento outdoor, pude participar de um domingo comunitário, entre outras coisas. O que também deve ser notado aqui é que todos os meus parentes, inclusive alguns na forma de 4 primos e uma tia e um tio, não compareceram no horário de visita, nem quero falar do meu irmão, porque ele sabia que eu estou sentado. Além disso, minha irmã Maria pressionou muito para que eu me reconciliasse com meus pais, porque a culpava por onde estava agora. Foi o que aconteceu num domingo de manhã, quando pude sair para esta conversa às 8 horas. Bem, sim, os dois estavam mortos, sobre o que devo falar com as pedras. Mas como o cemitério ficava perto do centro de detenção, desci do bonde e fui para o túmulo. A princípio não sabia o que dizer, mas depois acho que conversei com eles por cerca de meia hora e acabei com lágrimas escorrendo pelo rosto. Quando voltei para o bonde, me senti 5 quilos mais leve. Desde então, fiz as pazes com meus pais, mesmo que fossem apenas pedras e uma palavra maldosa sobre meus pais saia da minha boca de novo, não tenho o direito, deveria fazer melhor, mas parece que não consegui qualquer um, pelo menos até agora. Certa manhã, quando voltava para o quartel para trabalhar, aconteceu um acidente comigo. Tínhamos a opção de servir no quartel. Isso significa que podíamos tomar café da manhã, almoçar e, de vez em quando, comida em forma de latas para a noite. Bem, eu fui, como sempre, tomar café da manhã às 6h30 e comer um pãozinho fresco. De repente, percebi que minha dentição superior estava quebrada no meio. Assim, à noite na detenção, organizei para que fosse permitida uma visita ao dentista, porque a minha mordida não foi dada. Eu peguei também e tive que ficar na instituição naquele dia. Deve ser avisado com antecedência que eu não tive seguro saúde durante minha detenção e que os custos de qualquer tratamento foram cobertos pelo orçamento do judiciário. Então procurei um dentista que não era necessariamente o melhor, mas que cobrou muito do judiciário por consertar meus dentes. No tempo, eu já tinha registrado, minha catarata piorou tanto que no final eu só tinha 2% de visão. Isso significa que tive que travar o meio-fio com a ajuda dos pés. Estava erroneamente presumindo que essa operação também poderia ser feita enquanto estivesse sob custódia, mas dois dias após a liberação da custódia em 12 de dezembro eu tinha o olho certo para a operação e uma semana depois o outro.

Dispensado em 10 de dezembro de 2012

Naquele dia fui libertado e já estava na rua com cerca de € 700, - uma visão de 2% e os meus míseros pertences e sem teto sobre a cabeça. Mas como um irmão chamado Werner se ofereceu para mudar para seu gabinete no 8º distrito enquanto eu estava sob custódia, aceitei de bom grado. Ele só disse até eu encontrar algo. Como agora eu tinha muito dinheiro no bolso, naturalmente coçava, não apareci dessa forma durante a detenção, embora provavelmente fosse baseado no tempo. Então aconteceu como deveria, continuei jogando e depois de um tempo o irmão Werner me perguntou o quanto minha busca pelo apartamento havia progredido. Depois de ver que eu não tinha colocado muito zelo nisso, ele acertadamente me deu um ultimato. Eu também deixei passar e, portanto, tive que solicitar ao município de Viena um asilo para moradores de rua, que também consegui no 16º distrito junto com um segundo em uma sala de 20 metros quadrados. De acordo com a minha imaginação, imaginei que você não teria que pagar nada por isso, mas foi um erro. Certamente não o valor de um aluguel, mas pelo menos foram € 160 que consegui pagar no início. Mas com o passar do tempo isso não foi mais possível. Apesar dos conselheiros sociais, eles foram forçados a me tirar de casa. E agora? Então meu patrão e amigo Kamal se ofereceu para me hospedar no porão de seu negócio, sem banheiro e sem água, já que o ano já estava adiantado e o inverno estava chegando, tive que aceitar, claro que sem o conhecimento do outro festas em casa. Eu não estava sozinho lá, também tinha animais de estimação na forma de ratos que passavam pelo meu rosto quando eu estava dormindo. Essa foi provavelmente a hora em que pensei pelo menos uma vez por semana no que estava vivendo. Eu não tinha conquistado nada, pelo contrário, estraguei tudo, aos 11 anos tive que mentir para o meu filho que tinha que trabalhar em Berlim e por isso só ligava para ele uma vez por semana da prisão. Meus pensamentos suicidas já eram muito radicais naquela época. Claro, meus irmãos e irmãs da comunidade também sabiam de toda a miséria, mas também não podiam me ajudar, mesmo que isso fosse até o catequista.

24 de dezembro de 2014 final

Agora era Natal, como nos anos anteriores. Dormi na cave, tinha animais de estimação comigo e 20 € na carteira. Ainda havia alguns mantimentos, porque com o tempo fui capaz de viver com € 6 por dia para comer e fumar. Bem, o que você faz com esse dinheiro, você vai ao salão de jogos mais próximo e a quantia acabou. Neste momento, foi decidido no município de Viena que o pequeno jogo de azar seria interrompido em 1º de janeiro de 2015. Significa que todas as máquinas que alimentei por mais de 30 anos foram desligadas, mas apenas em Viena e não na Baixa Áustria. Bem, o ano novo chegou, não havia mais máquinas em Viena e o dinheiro estava de volta no meu bolso. Agora eu tive a oportunidade de pegar o trem, dirigir até um subúrbio de Viena e continuar a comer esses baldes. Mas não foi esse o caso, por que ainda não consigo me explicar até hoje, mas não importa, certamente não vou questionar. Em outras palavras, após uns bons 30 anos e as dificuldades decorrentes, fui curado desse vício em 24 de dezembro de 2014. Daquele dia em diante, nunca mais toquei em uma máquina. Claro, eu não pude responder o que havia apostado ao longo do tempo, mas suponho que fosse definitivamente uma quantia de 7 dígitos. Por outras palavras, tinha pago os meus impostos sobre o lucro e o imposto sobre as vendas com o meu emprego e não muito escasso, pelo menos da minha parte, mas não posso julgar se acabou nas repartições respectivas como a repartição de finanças e o município. O interessante é que quando eu tive minha residência forçada em 2012, eu não tive que jogar e dificilmente em liberdade, ela continuou. Como foi agora? Em fevereiro de 2015 procurei novamente uma vaga no abrigo para moradores de rua e consegui imediatamente no 16º distrito. Agora tudo aconteceu em rápida sucessão. A assistente social que cuidava de mim pressionou muito para que eu recebesse um apartamento comunitário. A taxa para o lugar nos € 160, - já não era um problema, então eles eram pagos regularmente. Como em janeiro de 2013 eu já apresentei um apartamento comunitário, não esperava muito que desse certo dessa vez. Em 2013, eles me pediram para confirmar meu registro e contratos de arrendamento dos últimos três anos. Pude preencher a confirmação de registro, mas é claro que não pude fornecer um contrato de aluguel. O argumento de que eu era cidadão austríaco e nascido em Viena também não ajudou. Fiquei tão furioso no momento que me deixei levar por dizer que este aviso negativo deveria ser emitido para mim, porque eu preciso deste papel para um local específico. Bem de volta. A assistente social desta casa me pediu para depositar uma certa quantia lá na casa mês após mês para que eu tivesse dinheiro para o apartamento quando saísse de casa. No dia 1º de julho de 2015 recebi um pequeno apartamento de 36 metros quadrados no distrito 20, onde moro até hoje. Mas como eu quase não tinha móveis, tive que comprar de tudo, desde cozinhas embutidas até armários. Como o apartamento fica no 5º andar, uma colega de quarto do abrigo para moradores de rua me ajudou. O que se passava, o vício do jogo foi embora, tinha o meu próprio apartamento, onde até hoje não há atrasos no aluguer e sobretudo tinha de repente mais de 10 euros na carteira. Foi uma sensação maravilhosa e nada mudou até agora. Em outras palavras, eu me trouxe à vida, o que era quando eu era jogador, eu não necessariamente atribuiria isso a isso.

Fevereiro de 2016 vida normal

No início de 2016, um cartão postal chegou à minha caixa de correio. Eu li isso e descobri que é um portal online onde você pode se registrar gratuitamente. Depois que foi gratuito, eu fiz isso também. A coisa toda era um site com uma boa centena de grupos diferentes, dependendo de seus interesses. Como sempre fui uma pessoa curiosa, olhei para os grupos e encontrei cerca de 4 a 5 grupos que falavam comigo. Para dois deles, eu defini atividades em mais de 50 clubes e mais de 60 clubes, que também correspondiam à idade dos membros. Agora Helmut, o administrador do grupo 60+ Treff, organizava visitas a restaurantes a cada duas semanas às 18h00. Cada vez em um restaurante diferente. Como não sabia nada parecido do meu passado, era um prazer para mim comer sempre bem ali e fofocar por cerca de 3 a 4 horas com as 8 a 10 pessoas que ali estavam. O outro grupo, 50+, foi um desafio para mim desde o início. Então o administrador escreveu, eu esqueci meu nome, novamente a cada 2 semanas na sexta-feira à noite às 18h, uma reunião em uma barraca de mercado no 3º distrito. Nesse grupo, porém, o foco não estava na alimentação, mas muito mais na sociedade. No entanto, como essas reuniões não foram organizadas da maneira ideal, apenas alguns compareceram a essas reuniões, mas não foi possível fazer muito mais, não havia espaço para mais neste estande. O administrador

Helmut do grupo 60+ Treff fez isso muito mais precisamente até sua morte em 2019. Eu sempre levava meu amigo Roman comigo para as duas reuniões porque ele era solteiro na época, mas voltarei a falar com ele mais tarde. Como eu disse, não havia muita coisa acontecendo no grupo de 50+ e então tomei a iniciativa de colocar reuniões online a cada 2 semanas através deste grupo. O grupo contava com cerca de 100 membros na época e por isso anunciei um encontro em um restaurante e não em um bufê de barraca de mercado no portal. No início havia cerca de 7 a 8 pessoas deste grupo e é claro que o foco principal não era a comida, mas a conversa e conversas. Foi interessante que com cada um deles havia consistentemente mais mulheres do que homens presentes a cada 2 semanas. Isso significa que às vezes Roman e eu éramos os únicos homens. Mas depois que adorei me cercar de mulheres, o que também foi uma experiência nova para mim, recebi as mulheres de acordo. Isso significa beijar à esquerda e à direita, onde então percebi que isso teve um impacto na qualidade subsequente da conversa. Foi um pouco complicado no início, mas com o tempo cada vez mais pessoas compareciam a essas reuniões. O número de membros deste grupo também aumentou de forma constante, até o final com uns bons 500 membros. Como eu não era o administrador deste grupo, é claro que houve hostilidade a outros membros desse grupo, entre outras coisas com o argumento de que se tratava de uma troca de parceiros, que coloquei novamente no site com comentários correspondentes. Em 2018 e 2019 tive a ideia de que não é necessariamente preciso ir a um pub, mas que também existe cultura e desportos ligeiros. Essas reuniões não foram necessariamente aceitas pelos membros. Era cabaré, boliche, bilhar ou minigolfe, então nada de fantasia. Apenas cerca de 5 a 6 pessoas compareciam a essas reuniões, então voltei às reuniões locais. Quando a pandemia veio em 2020, tivemos nossa última reunião no 3º distrito em fevereiro. Poucos meses depois, Pamela me informou que ela não conseguia mais encontrar o grupo 50+ Treff no site. Mas, uma vez que tais reuniões não poderiam ocorrer com bloqueio e outras restrições, não percebi esse fato. Eu investiguei e descobri que tanto o grupo 60+ Treff, que, entretanto, não teve atividades após a morte do administrador, quanto o grupo 50+ Treff e seus membros foram removidos desta página. O pano de fundo era, e ficou claro algum tempo antes, que o software (supostamente Ubuntu) por trás dele havia travado e um novo software foi instalado através deste site. Como agora me chamo de programador, escrevi para esta empresa, os proprietários deste site, cerca de duas vezes para descobrir o que teria acontecido lá. A resposta foi que alguns grupos antigos não podiam mais ser restaurados. Claro, também fiz meu comentário de que isso poderia muito bem ser feito, mas também com um enorme dispêndio de tempo, porque os dados devem estar disponíveis, basta lê-los em voz alta e adicioná-los ao novo portal.

Eventos de dança do outono de 2015

Meu amigo Roman, que eu conhecia há vários anos, uma vez me perguntou se poderíamos ir dançar na Associação de Reformados de Viena em um sábado, o que fizemos então. E assim íamos dançar todos os sábados à noite no 2º distrito ou no 20º distrito até que a pandemia veio em 2020 e é claro que não houve mais eventos. Eu não era aposentado na época, mas e daí, gostei, mesmo não sendo bailarina profissional (caso perdido).

Família

Bem, sim, provavelmente eu tive isso por cerca de 10 a 11 anos, mas quando fui para o internato, a relação deve ter piorado, porque lá, quisesse ou não, 90% das minhas decisões tinham que ser tomadas sozinho. Ao fazer isso, quase ninguém estava ao meu lado com conselhos. Se eu teria aceitado ou não, também é questionável. Na minha infância, tive um bom relacionamento com meus 3 primos nos finais de semana, que são um pouco mais novos que eu, com o quarto só tive contato duas vezes, a pedido deles. Isso significa que eu vi as 3 meninas no 11º distrito quase todo fim de semana. Quanto ao meu irmão, fomos um só coração e uma só alma por cerca de 16 anos. Isso mudou quando ele disse que precisava ter uma esposa agora. Quando ele tinha cerca de 30 a 35 anos, ele exigiu sua herança em dinheiro de seus pais na minha presença na Baixa Áustria. O pano de fundo era que ele agora era casado e tinha duas filhas e disse que precisava construir uma existência aqui e agora na Alemanha. Como esse pedido foi expresso com força física, ele "se despediu" por uns bons 20 anos. Não tivemos contato com ele até pouco antes da morte de nosso pai. Ainda hoje não tenho contato com ele e não sei sobre ele ou sobre mim onde moramos. Quanto ao meu filho, agora com 20 anos, é preciso dizer que em 2012 não pude contar a ele que estava preso, mas que tinha que trabalhar no exterior, ele tinha 11 anos na época. Meu companheiro e eu tínhamos concordado nisso, tive um bom relacionamento com ele pelo menos até ser forçado a ficar no 11º distrito, mesmo que fosse apenas no fim de semana. Já que, na minha opinião, um parente querido do meu ex-companheiro o informou onde eu realmente estava em 2012, apesar de várias tentativas desde abril de 2018, não tive nenhum contato, a última vez que o vi foi em 15 de julho de 2017. O relacionamento com minha mãe foi realmente bom apenas nos primeiros anos da minha vida, mas como éramos personagens muito diferentes, isso mudou no máximo com o internato, mas isso não mudou o fato de que eu a apoiava nos últimos anos de sua vida. Mas o que me impressionou muito e ainda hoje me preocupa, é que eu nunca poderia falar com meu pai e ele provavelmente também não poderia falar comigo.

Amigos

Certamente tive ao longo dos anos vários amigos que procuro classificar aqui, embora não tenha direito a isso, mas, como disse, é assim que vejo. Entre os meus melhores amigos estavam certamente os da Baixa Áustria, a quem eu já sabia quando tinha 12 anos aprendi. No entanto, como eles se espalharam por todo o estado federal da Baixa Áustria, a amizade terminou depois de cerca de 15 a 20 anos. Quanto ao meu amigo vienense, ainda não sei por que ele nunca me impediu de ficar viciado em jogos de azar. Mas eu gostaria de creditar a ele que ele não teria sido capaz de fazer isso. Em 2005 ou 2006 tive problemas com o PC do meu stand na oficina e, como o dinheiro costumava ser curto, procurei uma reparação de computador, que também encontrei no 20º distrito. Lá, cheguei a um bar de adega a duas ruas de distância. Quando vi a pessoa chamada Kamal, percebi que devia ser um árabe e me dirigi a ele dessa forma, pois já havia lidado com essas pessoas anos antes. Ele respondeu às minhas palavras em árabe e também disse que nasceu em Alexandria, mas agora é cidadão austríaco. Um ou dois anos depois ele mudou-se duas ruas para um restaurante no andar térreo, onde me empregou algum tempo depois, ele é responsável pelo hardware e eu, pelo software. Foi ele quem me ofereceu abrigo no porão no ano em que não tive. Cerca de um ano depois, um senhor um pouco mais velho veio à nossa loja no 20º distrito e, no fim das contas, ele era 20 anos mais velho que eu. Disse que teve problemas com o próprio site, pois o software foi adaptado, não sabia mais o que fazer e queria acrescentar algumas coisas. Eu gostaria de ver o que fiz no local. Lá eu encontrei um site bastante grande no qual ele havia trabalhado por anos, e eu li meu caminho para esse sistema. No final, finalmente consegui resolver os problemas de conversação que ele estava tendo com o novo sistema. Uma amizade que se desenvolveu a partir de ambos os encontros, que perdura até hoje e que também não gostaria de perder. Sim, as conexões foram feitas a partir dos grupos de mais de 60 clubes e de mais de 50 clubes, mas eles fracassaram novamente com a pandemia.

Parcerias

A primeira parceria com minha colega no centro de pesquisas me decepcionou um pouco, pois fui um pouco desprezado por ela ter me forçado a morar com uma criança sob o mesmo teto que seus pais, sendo que seu pai me aceitou muito bem, mas sua esposa quem sabia de tudo me irritou um pouco. Quanto à minha segunda esposa na minha vida, ela foi indiscutivelmente a mulher da minha vida, caso contrário, a parceria não teria durado mais de 20 anos. O fato de ter terminado, apesar do filho de 8 anos na época, é provavelmente 95% minha culpa. Só descobri, em retrospecto, que nunca falamos sobre nós mesmos e nossos problemas e então, como fizemos depois da separação, era tarde demais. Talvez isso tivesse mudado alguma coisa se tivéssemos nos pronunciado antes. Eu não sei. Uma vez que o grupo 50+ Treff foi considerado uma espécie de portal de parceiros desde o início do meu trabalho para este grupo, aconteceu como tinha que acontecer. Era uma sexta-feira antes do Pentecostes de 2017, 8 anos depois que Britta, da Baixa Áustria, se separou de mim. Tivemos uma reunião lá mais uma vez em um bar e seu jardim de pub. Fui lá como sempre com meu amigo Roman. Então veio Pamela, um membro do grupo Treff 50+ e um ano mais jovem do que eu, e sentou-se entre Roman e eu. No decorrer da noite, uma conversa única se desenvolveu entre mim e Pamela e conversamos e rimos muito, de modo que eu realmente não percebi mais os outros participantes. No processo, percebi que toda vez que tínhamos algo para rir, ela me deu uma tapinha na parte superior do braço ou na coxa. Registrei bem, mas e agora, porque não fui o mais corajoso nesse aspecto. Mas tomei coragem e perguntei se não poderíamos nos encontrar em algum lugar no sábado de Pentecostes para dar um passeio, o que também fizemos no dia seguinte. Eu caí das nuvens e fui para o dia da comunidade da minha comunidade no domingo de Pentecostes. Mas como sempre foi costume em dias como este, depois de uma breve oração, falar sobre o caminho e as próprias experiências com ele, e que na frente de umas 20 pessoas, claro que voluntariamente, comecei depois de um tempo. Como eu disse, eu tinha 57 anos e falara com Pamela ao telefone antes de entrar no prédio. Então eu disse que sofria de uma doença incurável que poderia afetar qualquer pessoa e outras declarações floridas de minha parte. Olhei em volta e, exceto pelos rostos perturbados, não consegui realmente distinguir nada. Eu estava falando sobre o quê? Bem, é claro que houve perguntas e falas, como: você está falando como um jovem de 16 anos e um dos presentes, um estudante de 22 anos, me perguntou: Edi você está apaixonado, o que claro que eu não podia negar. Um mês depois, em 15 de julho de 2017, imaginei que Pamela e eu fôssemos um casal, fui ver meu filho na Baixa Áustria pela última vez, que eu não conhecia na época. Como ele logo percebeu que eu estava superexcitado, confessei a ele que havia uma nova mulher em minha vida e também lhe mostrei uma foto dela, da qual me arrependi depois. Naquela época, Pamela já fazia um tratamento na Styria. Quando ela voltou, descobri que outro membro do grupo Treff com mais de 50 anos a seguiu neste resort de saúde e Pamela me levou embora. Como esse homem também não era necessariamente sociável, a parceria entre Georg e Pamela era apenas temporária. Bem, houve mais reuniões e em agosto de 2018 uma reunião aconteceu em Heuriger no 19º distrito. Algumas pessoas neste grupo, assim como eu, tinha começado um grupo no Whatsapp e nos mandava fotos para todos os lados. Então, nesta sexta-feira, uma nova mulher entrou no grupo, chamada Anna, uma nativa da Polônia e bonita de se olhar. Ela podia rir muito, o que me impressionou muito. Ela também se juntou ao nosso grupo no Whatsapp e depois continuou trazendo contribuições engraçadas, o que deu um impulso a este grupo. Um dia, em setembro de 2017, ela postou que as uvas no distrito 22 estavam maduras e que alguém desse grupo não poderia ajudá-la com a colheita das uvas. Ela havia reservado um dia para isso no próximo fim de semana. A resposta para isso foi zero. Então pensei comigo mesmo, porque não, ir ler uvas e marcar uma consulta no 22º distrito. Eu realmente encontrei muitas uvas que colhemos durante o dia e depois transformamos em xarope e suco à noite. Mas como nada "fugiu" em uma noite de sábado, o tempo passou e nos tornamos um casal naquele dia. Em meados de outubro, após um mês de parceria, ela disse que se sentiria mais confortável se ficasse sozinha, o que eu tive que aceitar. Bom ou não, isso também acabou, mas sempre teve reunião no grupo e então em novembro de 2017 no 3º distrito. Lá éramos cerca de 20 pessoas, onde tivemos alguns problemas de espaço neste restaurante.

Quando a coisa toda acabou, por volta das 9h, nós, Roman e eu, saímos para a rua onde duas mulheres, chamadas Tine e Julia, estavam paradas. De repente, Tine perguntou: O que fazemos agora? Fiquei um pouco perplexo porque não esperava tal pergunta de uma mulher. Bem, então fomos a um café próximo e ficamos lá por cerca de uma hora. Então. Tine descobriu que eu estava ocupada com computadores e disse se eu poderia consertar o problema com o computador dela em sua casa, que ela presumiu após fornecer seu endereço no 14º distrito. A mulher era cerca de dois anos mais velha que eu e não necessariamente magra. Esse conserto do computador ou essa visita se transformou em algo mais, embora eu não tenha necessariamente gostado do visual. Passei a maior parte do tempo com ela e com ela. Ela tinha um apartamento novo, mas aparentemente não se sentia em casa ali, pelo que eu sabia, porque ela sempre tinha que sair para comprar algo ou apenas para ir a algum lugar, ela era uma motorista apaixonada. Durante esse tempo, ela me regou com roupas e outras coisas, e sempre pagou no pub. Quando perguntei a ela que não queria isso, porque já tinha roupas suficientes nas minhas caixas, ela ficou um pouco nervosa. Então, em um fim de semana, ela foi até a irmã no interior de Burgenland e ligou do carro no caminho para lá. Para mim, foi isso que quebrou o cano. Ela havia decidido tudo sem me consultar e disse que poderia comprar meu amor com montes de presentes. Então, esse episódio também acabou. No verão de 2018, Roman e eu fomos dançar no 1º distrito, ambos solteiros, conhecíamos o evento há muito tempo e, principalmente, os dois organizadores. Quando chegamos lá, quase não havia espaço sobrando, então nós duas tivemos que sentar em uma mesa onde duas mulheres já estavam sentadas. Um se chamava Graziella (pais parcialmente italianos) e infelizmente não me lembro o nome do segundo. Agora que estávamos sentados na mesma mesa, eu também tive que convidar as senhoras para dançar, então Graziella e eu logo estávamos sentados um ao lado do outro e ela me disse que tinha problemas com seu PC. Eu conhecia bem o argumento agora e Graziella era muito mais velha do que eu, mas ainda confirmei que o veria em sua casa no 16º distrito. Lá também foi o mesmo resultado de Tine, viemos juntos. Ela tinha um contrato de arrendamento de longo prazo no 17º distrito com uma pequena casa no grande jardim correspondente, onde não se podia mover facilmente na frente de um grande número de plantas e árvores. Além disso, ela tinha videiras acima do terraço, onde também colhemos as uvas e depois as processamos, novamente uma experiência incrível. Uma vez que não só era possível circular no jardim, também se aplicava ao interior da casa e finalmente também ao seu apartamento. A parceria foi, portanto, limitada no tempo. Eu não sou exatamente um idiota de gesso, mas quero ser capaz de me mover em uma sala, que era apertada o suficiente em 2012 de qualquer maneira. No início de novembro de 2018, deixei esta conexão às pressas em uma manhã de sábado, após o café da manhã. Eu caí em um buraco profundo neste ponto enquanto eu me perguntava o que eu estava fazendo de errado. 4 mulheres e com todo mundo não deu certo, foi meu passado, foi minha "riqueza"? Bem, houve outro evento de dança no final de novembro, um sábado, 24 de novembro de 2018 meu amigo Roman me convenceu a ir a este baile no 2º distrito. Mas eu não tive vontade. No final, ele finalmente me levou tão longe. Sentamos em uma mesa com cerca de 8 pessoas. À minha frente, vi uma loira que, em minha opinião, estava acompanhada por um senhor idoso. Eu não tinha dançado muito naquela noite das 18h00 às 21h00 ao som de música ao vivo. Quase no final, a senhora em questão voltou à mesa e disse a Roman e a mim se não queríamos dançar ali. Eu tinha apenas entendido mal esta afirmação e, portanto, não reagi. Roman imediatamente deu um pulo e foi dançar com ela. Agora que o evento acabou e fomos para o vestiário. De repente, esta mulher, chamada Ully, estava ao meu lado e perguntou: Você vai comigo e com isso quero dizer Roman e eu. Depois que já era sábado à noite e também não era tarde, não me importei de ir comigo e disse isso a Roman. Ele também concordou e assim, após uma longa busca, cerca de 8 pessoas acabaram em um bar no 1º distrito. Antes de ir para o vestiário, ela deu a Roman seu número de telefone celular, que eu só registrei marginalmente. Bem, agora nós sentamos Ully ao meu lado neste bar e Roman deu uma palestra sobre xamanismo e energia. No decorrer da noite, descobriu-se que Ully não tinha vindo com o senhor idoso, mas com sua amiga Monika. Assim que registrei isso fiquei um pouco constrangido, o que gostei na senhora. Agora Roman tinha o número dela, mas eu não poderia pedir. Peguei um cartão de visita no restaurante e escrevi meu número de telefone no verso. Quando saí do restaurante, dei a ela este cartão, que, infelizmente, Roman também percebeu. Então, eu estava na cozinha do demônio e Ully tinha dois números de telefone de Roman e eu. No dia seguinte, domingo, esperei para ver o que estava acontecendo. Não aconteceu nada pela manhã, mas às 2 horas o celular estava e Ully estava na linha. Ela me perguntou se não podíamos nem ir tomar um café. Minha resposta para esta: Imediatamente e imediatamente - você interrompe a transmissão. Sim, ela ainda precisa consertar algo e me ligará de volta em cerca de uma hora. Mas não demorou uma hora, apenas meia hora e nos encontramos em um café no distrito 20. Depois íamos lá ao cinema e como não bastava, íamos também a um lounge no 1º andar. Contei a ela, como estava acostumada, tudo sobre minha vida passada, que pode não ser necessariamente produtiva. De repente, ela se virou para mim e me beijou na bochecha. Somos um casal desde então, embora haja uma diferença de alguns anos na idade. Por quê? Porque acredito que ela é a melhor das 4 mulheres anteriores.

Fim neocatólico

Quando entrei para a irmandade ou para o caminho em 2011, estava claro desde o início que levaria cerca de 30 anos para trilhar esse caminho. Agora em 2017 neste fim de semana de Pentecostes tive que fazer minhas experiências, o que significa a interpretação de parceria neste caminho e por isso fiquei um pouco pensativo. Quando a minha irmã Maria da comunidade se suicidou em abril de 2018, após 7 anos de pertença, decidi encerrar o caminho e fiz o mesmo em maio de 2018 numa Véspera para os defuntos. Meu pensamento a esse respeito foi que eu não poderia mais concordar com alguns argumentos ao longo do caminho. Isso se aplica, é claro, à interpretação de parcerias, bem como a como dar vida à fé. Agora sou crente ou não: Esta pergunta não pode e não quero responder aqui, acima de tudo, pode o próprio indivíduo? De minha parte, agora procuro viver a fé depois de deixar a comunidade. Desde então, ainda estou em contato com Deus, mesmo que isso só se expresse em orações silenciosas com ele.

Clientes

Certamente, ao longo da minha vida, tive várias centenas de clientes a quem sempre trato com respeito e cortesia, sejam eles nacionais ou estrangeiros. Quanto à base de clientes na época em que vendia jornais e revistas, tive várias experiências negativas. Como 99% deles sempre foram estrangeiros, nem precisei olhar para o meu dinheiro, pois as pessoas haviam ido para o seu país de origem e ignorado minhas demandas. Meus clientes, que já sou completamente diferente no setor de informática, ficam sempre felizes quando me ligam. Você sabe que não descanso até que o problema seja resolvido e isso pode levar algum tempo. Mas não me lembro de um cliente na época em que estava criando software. Residente na Alemanha, mas de ascendência diferente. Suas três empresas incluem um consultório odontológico, um laboratório dentário e um depósito odontológico. No outono de 2010, seu funcionário da loja odontológica veio até nossa loja. O pano de fundo era que o programa de cálculo não funcionava mais e ele perguntou se eu poderia consertá-lo. Visto que este homem não tinha necessariamente um conhecimento comercial, descobri que este programa não podia mais ser salvo. Agora eu havia percebido que a coisa toda consistia basicamente em três empresas com uma ampla variedade de abordagens. Assim, como parte da nossa empresa no distrito 20, criamos uma oferta para as três empresas com contabilidade financeira e de estoque, gerenciamento de itens em aberto. Gerenciamento de chamadas de clientes e fornecedores e muito mais. Apresentei isso ao chefe e ele começou a aceitar partes individuais desta oferta e rejeitar outras. Mas como sempre tive a ambição de criar tudo 100%, também foi esse o caso neste caso, e claro que também no que diz respeito ao facto de ter sido decidido aceitar outra parte da nossa oferta. Mas, como o software não é estático, o programa foi frequentemente adaptado. Por isso, fui ao seu atacadista dentário até quatro vezes por semana para fazer isso, cada vez para um agradecimento por sete anos. Como os funcionários presentes não eram necessariamente comerciantes, não puderam realizar o inventário anual. Ou seja, até o inventário de

2017, isso era feito por mim com a ajuda das pessoas ali presentes. Mas como sei por experiência comercial que algo assim deve ser feito no prazo máximo de dois dias, tive minhas dificuldades a esse respeito. O último inventário foi concluído em etapas, em duas semanas. Foi previamente acordado que a fatura por nós enviada seria paga três vezes. Já foi pago o primeiro montante parcial com três dígitos em euros, o resto ainda está em aberto. O argumento do cliente era que meu programa não funciona, o que se contradiz fundamentalmente. Por um lado, o software funcionou perfeitamente durante sete anos e, por outro lado, eles ainda o usam hoje e já o usam há quatro anos. Então, voltamos a um bom número de 4 dígitos. Até mesmo uma carta de um advogado ameaçando uma ordem de pagamento foi ignorada. Em relação aos meus clientes atuais, de quem cuido como parte do nosso negócio hoje, deixe-me dizer que eles estão totalmente entusiasmados comigo, porque sabem o que estão recebendo de mim. Por um lado, não se trata apenas da consulta pontual, mas também do conhecimento do cliente de que não desisto até encontrar uma solução. Pode ser que demore, mas também fico feliz sempre que vejo que funciona.

Retomar

Você, como leitor, pode agora pensar que leu que isto não é vida. Sim, pode ser, mas como já mencionei, essas decisões foram apenas minhas, se estavam certas ou erradas, sempre pode ser determinado em retrospecto. Então surge a próxima pergunta, se estou feliz. Mas, uma vez que esta é uma avaliação puramente subjetiva, todos responderiam de forma diferente. Eu estou feliz. Por quê? Quando penso na época do meu vício, não era realmente o que se chama de vida, então estou feliz por ter superado esse período. Como consegui fazer isso naquela época ainda não está claro, mas estou feliz por ter superado esse tempo. Se estou satisfeito, conforme formulei em meu primeiro livro, continua sem resposta. A razão para isso é que meu amigo mais próximo se separou de mim a seu próprio pedido depois de uns bons 10 anos, o que ainda não entendo até hoje. Eu não sei o que mais a vida preparou para mim, mas nada mais pode realmente vir que iria me abalar.

Produção e publicação: BoD - Books on Demand,
Norderstedt
ISBN: 9783755760931